U0450116

公司财务共享运行与优化研究

张丽波 万丛颖
著

中国社会科学出版社

图书在版编目（CIP）数据

公司财务共享运行与优化研究／张丽波，万丛颖著.
—北京：中国社会科学出版社，2023.9
ISBN 978-7-5227-2549-9

Ⅰ.①公… Ⅱ.①张… ②万… Ⅲ.①公司—财务管理—研究 Ⅳ.①F276.6

中国国家版本馆 CIP 数据核字（2023）第 165970 号

出 版 人	赵剑英
责任编辑	戴玉龙
责任校对	熊兰华
责任印制	王 超

出　版	中国社会科学出版社
社　址	北京鼓楼西大街甲 158 号
邮　编	100720
网　址	http://www.csspw.cn
发行部	010-84083685
门市部	010-84029450
经　销	新华书店及其他书店
印　刷	北京明恒达印务有限公司
装　订	廊坊市广阳区广增装订厂
版　次	2023 年 9 月第 1 版
印　次	2023 年 9 月第 1 次印刷
开　本	710×1000　1/16
印　张	13.25
字　数	186 千字
定　价	98.00 元

凡购买中国社会科学出版社图书，如有质量问题请与本社营销中心联系调换
电话：010-84083683
版权所有　侵权必究

目 录

第一章 导论 ⋯⋯⋯⋯⋯⋯⋯⋯⋯⋯⋯⋯⋯⋯⋯⋯⋯⋯⋯⋯ 1

 第一节 财务共享与财务共享模式 ⋯⋯⋯⋯⋯⋯⋯⋯⋯⋯ 1
 第二节 财务共享中心构建的必要性分析 ⋯⋯⋯⋯⋯⋯⋯ 6
 第三节 财务共享中心构建面临的挑战 ⋯⋯⋯⋯⋯⋯⋯⋯ 14
 第四节 本书的研究思路 ⋯⋯⋯⋯⋯⋯⋯⋯⋯⋯⋯⋯⋯⋯ 22

第二章 公司财务共享中心构建风险与关键因素分析 ⋯⋯⋯⋯ 24

 第一节 财务共享中心构建风险分析 ⋯⋯⋯⋯⋯⋯⋯⋯⋯ 24
 第二节 财务共享中心优化关键因素 ⋯⋯⋯⋯⋯⋯⋯⋯⋯ 45

第三章 财务共享有效运行的前提：业财融合 ⋯⋯⋯⋯⋯⋯ 71

 第一节 财务共享视角下深化业财融合的优势 ⋯⋯⋯⋯⋯ 71
 第二节 公司基于财务共享的业财融合存在的问题 ⋯⋯⋯ 79
 第三节 深入推进业财融合确保财务共享有效运行 ⋯⋯⋯ 92

第四章 财务共享有效运行的保障：内部控制 ⋯⋯⋯⋯⋯⋯ 121

 第一节 财务共享模式给内部控制带来的影响 ⋯⋯⋯⋯⋯ 121
 第二节 财务共享模式下内部控制存在的问题 ⋯⋯⋯⋯⋯ 124
 第三节 加强内部控制保障财务共享有效运行 ⋯⋯⋯⋯⋯ 133

第五章　财务共享优化的方向：区块链技术　149

第一节　区块链技术在财务共享领域的应用　149

第二节　当前区块链技术在财务共享应用中存在的障碍　155

第三节　基于区块链技术的财务共享模式的优化　160

第六章　财务共享案例分析与启示　165

第一节　海尔集团财务共享案例分析　165

第二节　美的集团财务共享案例分析　172

第三节　案例启示　178

第七章　公司财务共享运行与优化建议　183

第一节　以公司战略为导向优化财务共享内部控制　184

第二节　加强信息技术应用建立高效财务共享平台　188

第三节　有效解决共享中心优化与升级所面临的障碍　192

第四节　加强团队管理建设实现财务共享可持续发展　196

第五节　持续优化业务流程，提高单位内部多方管理的参与度　199

参考文献　204

第一章 导论

财务共享面向的是公司财务业务中可以实行标准化运作的业务,在财务共享的理念下,将这些业务从当前运营模式中剥离,改为通过财务共享中心进行,以专业分布式的管理实现的公司降本增效目标,是现代化公司财务管理转型的主要形式,对公司进行新业务开拓具有重要意义。在了解财务共享与财务共享模式的概念之后,详细分析了公司财务共享中心构建的必要性以及在当前"互联网+"背景下公司财务共享中心发展面临的挑战。

第一节 财务共享与财务共享模式

财务共享从本质上看是一种财务管理工具和理念,与公司保障财务信息质量的需求相适应。在财务共享中心中,公司财务业务将以流程化的模式运行,一些通用的岗位职责将被细分,以集中化的方式运行,从而有效达成公司成本优化的目的,有助于公司在市场竞争中生存发展,实现公司的发展愿景和目标。

一 财务共享

财务共享是指以财务部门的综合系统平台、综合核算体系、综合核算方法和综合业务流程为基础,以公司新的管理模式,对公司财务数据进行共享和管理的一种全新运营模式。服务共享也可被理解为以网络技术作为主要载体的一种创新型运营管理手段,主要通过构建财务信息交互平台,使全球公司都可以通过共享平台及时获取自身所需的相关信息，以此来提高公司财务运作的效率，从而为公司创造更多经济收益。随着市场不断开拓，许多公司在规模扩大的过程中逐渐实现了跨区域运营，其运营管理模式呈现一定分散式特点。这种运营管理模式在时间演变过程中逐渐显露出不合理性，因此公司逐渐意识到将分散式运营向集中化管理转变的必要性[1]。在财务共享模式下，公司以流程再造、组织再造为出发点，通过建设财务共享中心，并采用先进的集成型、智能型信息技术手段，对公司资源、人力、业务进行重新规划。财务共享中心能够提供自动化记账和财务管理模式，并以标准化程序进行各类业务的办理，并以此实现对公司财务管理质量的优化和对各子单位业务的精准管控，从而打造公司在成本运营方面的优势。在公司财务共享中心中配备专业化人才，按照具体业务情况进行细分，将资源重新规划，从而提升财务工作效率，优化公司信息质量[2]。

财务共享平台的建立基于公司财务管理优化的目的，涵盖从收付款、核销到债权等多方面领域，全面进行财务管理工作的革新，包括采购流程和费用报销等关键流程。根据国家规定，相关工程项目的开展需要以事故责任制为前提，在项目执行的过程中，公司必须对具体细节和项目质量负责。有关采购需要以流程化的方式进行，通常设置有专门的采购人员，通过采购计划的提报发起采购流程，并提交各级领导审批，相关单据需要提报至财务共享平台存档。财务共享平台接收采购计划后，要对计划中的关键信息进行审核，审批通过后才可正常履行采购手续[3]。其中，在原材料采购项目中，公司要严格控制资金流向和材料结算工作，确保采购流程顺

---

[1] 周斌：《业财融合下企业财务共享模式的构建》，《投资与合作》2022 年第 9 期。
[2] 谭雪：《基于财务共享模式的集团企业财务管理转型策略研究》，《企业改革与管理》2022 年第 15 期。
[3] 董洁琼、王艳丽、郭道炜：《财务共享模式下的企业财会监督》，《国际商务财会》2022 年第 15 期。

利运行①。原材料采购涉及供应商维护及收款事宜，因此，当公司发起采购单据后，要与相应供应商签订合同，并及时在系统中发起付款单工作流。财务部门人员负责对相关单据中的订货信息和金额进行核对监督，审核无误后发起费用支付。由于采购流程涉及财务共享平台、业务部门、财务部门等多个主体，因此平台人员要对关键信息进行及时整理上传，并关联具体项目，从而实现对项目的实时追踪和查询。另外，还可以通过回访反馈制度，促进各部门之间的沟通协作，扩大共享平台的功能。费用报销流程也是公司业务部门的重要流程，在公司日常经营活动中频繁发生。业务部门由于差旅和招待等事宜，通常具有大量的费用报销需求，因此费用报销流程能否实现标准化与公司业务部门效率和工作积极性具有密切关联。在业务部门存在费用报销需求时，首先要将费用相关单据在财务共享平台中进行上传，并完成费用报销标的物资的传送。当相关报销单据审批通过之后，业务部门要将纸质单据及时送至财务部门进行入账。报销流程完成之后，财务人员发起付款流程，并将相关凭证进行上传保存②。

基于财务共享公司将各项业务流程进行再造，公司组织也随之更新升级，公司运作实现标准化、自动化、流程化、系统化。在财务共享模式影响下，公司经营风险被有效地降低，运行效率得到显著提升，加快了财务部门职能转型，从基础核算工作向成本分析、预算管理等方向发展，为公司创造更多价值。另外，相关市场和财务管理的信息能够以更高效的方式进行，能够有效发挥对公司决策的支持作用。财务共享与公司传统财务管理模式相比具有显著优势，但财务共享中心的组建也需要一定的投入规模，公司不仅要在资金和人力方面

---

① 古龙江：《信息技术环境下制造企业财务共享模式研究》，《中国总会计师》2022年第7期。

② 何澜：《财务共享模式下企业财务管理转型》，《老字号品牌营销》2022年第14期。

具有充分储备，也需要面临在其他方面可能遇到的各项困难①。从公司战略到管理制度革新，财务共享通过信息系统实现公司管理秩序优化和业财融合深入运行。公司需要有明确的发展战略目标，以成本管控为方向对组织职能进行调整，并通过明确职责、优化组织系统实现组织的协调化发展。在流程设计方面，财务共享能够立足公司经营活动需求，打造科学化、便捷化的业务标准流程②。

二 财务共享模式

财务共享模式是指在互联网时代下，通过运用信息技术帮助财务管理实现新突破的一种财务远程管理的新模式。无论是预算编制还是会计核算，都可以通过财务共享服务模式实现。共享模式不仅仅是为了帮助单位更好地推进经营活动的落实，而更重要的是人员和财务方面的管理需要，对市场以及客户服务和员工进行更深层次的研究，在资源整合基础上不断突破公司成本，从而达到良好的效益。基于我国国情，财务共享模式针对原先公司的财务管理，通过资源整合分散的方式，帮助集团减少财务管理流程，提高财务管理效率，最终实现速度快捷，质量服务水平高的共享服务模式③。财务共享模式在概念中不仅仅包括了亚当·斯密提出的专业分工理论，同时也包含了规模经济理论和业务流程再造理论。在规模经济理论中，以盈利为目标，减少成本和重复资源利用，使公司管理在财务方面能够提供更多的支持和分析，进一步地了解市场，从而使得公司能够在市场竞争中站稳脚跟，提升核心竞争力。自20世纪90年代起，一些大型公司就提出了财务共享模式的概念，通过对内部管理模式的演化和创新服务共享模式已经从以财务数据为出发点，变成以内部管理为出发点，通过对经管维度的合理调控，帮助

---

① 夏丽萍：《财务共享模式下企业如何深化管理会计》，《中国中小企业》2022年第7期。
② 朱子玥：《财务共享模式下企业财务管理优化研究》，《山西农经》2022年第13期。
③ 付珍妮：《财务共享模式下集团财务管理转型的现状及建议》，《现代营销（上旬刊）》2022年第7期。

公司构建组织架构，推动公司财务管理的全面升级，为公司的发展和突破做好保障工作①。

财务共享在国际上有四种主要模式，如图 1-1 所示。一是基本模式，将财务管理的日常工作进行整合，并为交易活动和行政管理工作设立标准化流程，其主要目的在于消除重复冗余的环节，提升流程适应度。基本模式财务共享下建立的财务共享平台是公司独有的，并不对外开放，不具有市场化的性质②。二是市场模式，在基本模式的基础上，增加了关于公司内部运作和决策支持优化相关内容，并具有一定开放性，财务共享中心针对不同客户提供服务，并帮助加快公司作为半自主模块向公开发展，积极参与市场竞争③。三是高级市场模式，高级市场模式下公司既可以将自有的财务共享中心开放对外服务，又可以选择市场上的财务共享中心，购买其服务④。四是独立财务共享中心，作为自主经营体参与市场竞争。不同财务共享模式在运营方式和盈利模式上存在差异，但都是基于公司业务的标准化运行，以服务优化和各项业务流程的简洁顺畅为基本目标，以实现公司价值创造为重点，以打造公司核心竞争力为核心⑤。

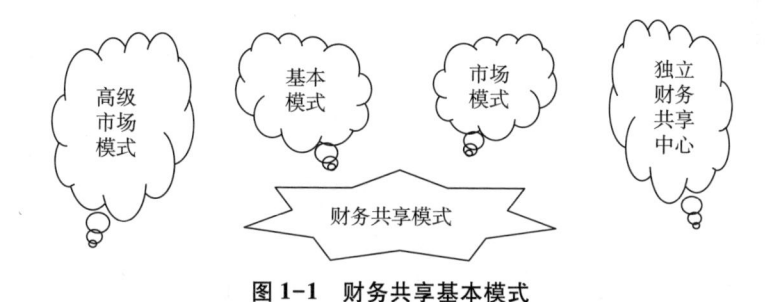

图 1-1　财务共享基本模式

---

① 陈嘉禄:《财务共享模式下管理会计体系的构建分析》,《营销界》2022 年第 12 期。
② 刘雅慧:《财务共享模式的利弊分析和应用探究》,《财经界》2022 年第 18 期。
③ 宋清:《财务共享模式下票据智能管控的探索与实践》,《财务与会计》2022 年第 12 期。
④ 任昊婧、赵春阳:《财务共享模式与财务管理环境变化探究》,《商业文化》2022 年第 15 期。
⑤ 谭怡:《财务共享模式下企业营运资金管理绩效研究》,博士学位论文,广州大学,2022 年。

财务共享模式的特点主要包括两个方面：一是财务共享模式有业务分离的特点，在传统的公司采用模式当中，无论是资金的核算还是业务的审批，都需要财务人员仔细核查，庞大的工作量使得公司业务的工作效率有所降低，也不能保障公司业务的正确率以及财务方面风险的规避，而通过对于业务的分离，使得财务人员能够在线上各司其职，通过管理人员的直接管理，帮助财务人员减少工作量，只需要通过核查资金流水账目是否出错，来减少公司发展的财务风险，正是这样的分离制度，使公司在经营方面的财务信息报告能够更加科学合理，符合公司的发展现状①。二是财务共享模式有会计核算风险较低的特点，在原先的财务模式当中，通过员工在部门的指导下进行的财务管理和核算，使公司资金和财务牢牢地掌握在财务部门当中。帮助公司更好地通过信息系统查询相关数据，不完全依赖于财务部门的统计，增强了会计核算信息的客观性和真实性②。

第二节 财务共享中心构建的必要性分析

财务共享中心的构建将有利于加强内部控制、提升会计核算效率以及实现财务职能创新，如图 1-2 所示。

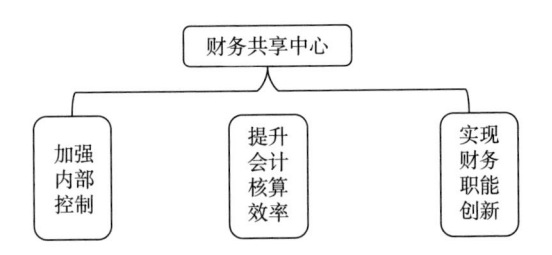

图 1-2 财务共享中心的构建作用

---

① 高杰：《财务共享模式下的企业资金管理》，《中国外资》2022 年第 10 期。
② 李学刚：《企业财务共享模式的应用分析》，《财经界》2022 年第 17 期。

一　有利于加强内部控制，促进公司战略目标的实现

财务共享中心的构建可以有效地节约人力成本，降低资源消耗，优化财务业务流程，增强公司内控能力以及采取集中核算，强化财务管控。

（一）节约人力成本，降低资源消耗

大型公司旗下通常有许多分公司和子公司，由于他们的地理位置不同、项目部门不同，公司往往需要雇用大量的财务人员来负责和监督公司的日常账目。劳动力过剩现象最终导致公司每年的管理成本升高。财务共享中心通常会采用人工智能技术代替传统的人工记账模式，不仅显著地降低了公司对人力资源的投入成本，同时，也大大提升了信息处理的准确性，解决了绝大多数因人工操作不当带来的信息错误问题，让传统会计走入现代化、规范化轨道。通过对以往传统会计工作人员月平均处理文件数量和处理成本进行量化计算与比较，减少成本收益与资源消耗，主要是通过减少会计工作人员和中层管理来实现的。如果一家公司在一个新的地区建立子公司或收购另一家公司，财务共享服务中心可以立即为新成立的子公司提供相关的服务，通过收集整个集团需求的财务信息，将每个子单位的财务任务进行提取与归纳，最终集中在财务共享中心集体进行处理，可以让公司中的管理人员和工作人员从烦琐的工作流程中解放出来，并将精力投入较为重要的核心项目中，同时，也可通过财务共享中心提供的相关服务履行其他辅助职能。这种新模式显著降低了对基础会计师的需求，有助于解决财务部门大量机构性不合理的现象，并显著降低资源消耗成本[1]。

（二）优化财务业务流程，增强公司内控能力

在国家政策的不断支持下，我国市场经济发展越发丰富化，越来越多的新兴公司正在以迅猛的发展势头加入市场经济行列。随着

---

[1] 石井艳：《财务共享模式下上市公司资金管理》，《今日财富（中国知识产权）》2022年第6期。

公司规模的不断发展，多方公司为了提升自身的行业竞争力，会不断拓展与创新自身业务，让自身的产品越来越丰富与多元化。但是，公司也将面临因规模不断扩大化带来的内部控制负面影响。随着公司的生产经营与管理日趋多元化和一体化，大量的财务业务主要都分布在公司中各个事业部之间进行，但在实际操作中，经营生产过程中产生的账户、资金等重要财务项目主要还是集中在核心部门，与其他事业部门之间缺乏合理的协调与沟通机制。而核心部门通常也只会针对风险因素作为内控制度设置参照，往往会忽视财务工作的作用，非常不利于公司达成秩序稳定，以及实现可持续发展等目标[1]。要实现公司正常运营，领导管理层必须在思维上进行转变。基于分支发展的推动，领导管理层必须从治理效力入手，把好公司管控重点，稳住管理核心。尤其是对原有模式的推陈出新，改变以往分散化管理的思路，有效规避原有模式中的一些弊端。公司财务共享中心可以对所有的子公司采取相同的标准操作程序，消除重复的阶段和流程，有效促进部门间集中、跨区域数据的整合，特定领域的专业人员相对集中，便于为公司内部提供相关信息，显著节省了不必要的成本投入。另外，在原有模式的基础上进行创新，以新型模式作为管理手段来进行公司管理，采用集中化的管理思维，能够促进公司管控能力的回暖，尽可能避免出现危及公司正常运行的不稳定因素，有效提升公司的风险管控和应对能力。

（三）采取集中核算，强化财务管控

传统的财务工作无论从项目核算、审批，还是账户资金管理，都需要经过较为烦琐的工作流程，而财务共享中心成立后，公司可以将所有的费用收支状况通过财务共享服务中心进行集中管理。作为一个集数据归集、数据分析、业务协同、数据共享于一体的综合性的机构，财务共享服务中心的设立，是把财务行业的工作流程推

---

[1] 邓小芳：《财务共享模式下集团企业资金管理策略思考》，《中国物流与采购》2022年第11期。

向标准化的重要枢纽。通过集中式管理办法，对公司的所有业务都予以规范统一的处理，更利于公司集团对各个分公司、子公司的账务流动情况进行准确掌握。在传统的运营模式中，集团公司通常只能在分公司、子公司完成经济项目后才能通过账务流水了解分公司、子公司的详细运营状况，对于事前或事中的一些不合理的经济项目无法做到及时获取。但通过财务共享服务中心对所有公司账户进行统筹管理，集团公司能够随时随地对分公司、子公司经营账户进行实时监管，可随时有效阻断不合理的资金流动，在一定程度上加强对分公司、子公司的管控力度，同时，也提高了资金账户的安全性。一方面，公司集团可以通过资本模块中银行账户的一体化管理，按照统一标准对公司账户进行增设与注销处理；另一方面，可以通过月底提前制订下月财务分布计划的方法，让分公司、子公司按照规定时间将资金汇入集团公司账户，再由集团统筹管理后按合理的资金标准拨款至分公司、子公司账户，坚决杜绝超额支出的现象[①]。

二 有利于提升会计核算效率，降低公司经营成本

财务共享中心构建可以优化人力资源管理，提升会计核算工作效率，降低运营成本，实现公司经营效益最大化以及调整资金储备模式，提升运营资金的使用效益。

（一）优化人力资源管理，提升会计核算工作效率

在传统公司会计核算工作中，财务管理和会计核算部门虽然是独立的两个部门，但在推进业务时都需要各自递交各种原始凭证，烦琐的工作流程使各部门工作人员无论在时间还是空间上都受到了一定限制。虽然多部门参与核算任务有助于提升核算结果的准确性，对财务管理正常发挥职能起到一定的辅助作用，但也存在导致公司内部优势人力资源大量向核算工作倾斜的潜在可能，最终忽视

---

① 柳叶：《财务共享模式下的企业财务管理创新分析》，《商场现代化》2022年第11期。

管理的重要性。随着公司不断步入信息化发展,越来越多的公司开始搭建信息共享平台,通过平台可以快速准确地生成公司内部管理分析报告,及时掌握公司运营状况、收支流水及成本计算等数据。财务共享服务为公司财务运营开辟了新的思路,大大提升了信息的处理与传递速度。会计工作人员可以通过财务软件将信息一键生成为单据,再将单据交由相关工作人员进行扫描,在确认无误后进行最终上传。这种模式不仅可以做到全程电子化,还可以解决因空间限制无法及时交流的阻碍,有效避免因沟通协调机制不一致导致的重复录入数据现象,大大减轻了财务核算人员的工作量,同时,也保障了数据的准确性。除此之外,公司内部工作人员利用共享服务平台一键生成单据并进行上传,全程工作都在平台与设备上进行,这种无纸化办公为公司节约了大量的资源成本,提升了会计核算工作的效率。

(二)降低运营成本,实现公司经营效益最大化

在当下市场环境中,公司实现正常运营面临许多方面的压力,也背负着更多的风险隐患。尤其是随着经济全球化持续深入,公司参与市场竞争在获取了更多利润空间的同时,还会迎来更为激烈的市场竞争。在公司运营过程中会产生许多成本费用,这些成本费用能否合理管控与公司利润率有密切关联。为了在复杂的环境中实现发展,公司必须将成本费用进行合理的管控,实现开源节流。财务共享中心的介入可以有效协助公司进行内外部协调与沟通,在为公司创造价值方面发挥着重要作用,尤其是对成本管控方面,可以加速推动公司进行运营成本的管理与优化。在财务共享服务中心的作用下,公司可以通过对内部服务的优化和外部客户智能化维护提升盈利能力和市场占有率,做到多领域实现价值创造。在兼顾内部管控的同时,不断拓展外部潜在客户资源,使之将成本储备转化为利润资源,并将节省出来的成本资金作为其他项目的投资资金,不断促进自身的价值实现。除此之外,还可以利用财务共享中心对整体资源进行重新规划与配置,加大对核心产业投资的倾斜力度,实现

核心产业的转型升级，以及提升其核心产业的内生动力①。

（三）调整资金储备模式，提升运营资金的使用效益

在传统运营模式中，公司中的各个部门基本都属于独立的系统，且每个部门都配备专门的备用资金，各部门之间鲜有积极沟通。公司为各个部门配备备用资金主要是为了解决部门内部用款，设置备用资金可以在一定程度上解决资金流调效率低的问题，能够直接跳过一些繁杂的核销流程。尽管备用资金能够缓解部分公司部门面临的突发问题，但传统运营模式并不利于高层管理人员实时对资金运用情况进行详细的监管，为公司资金管理埋下了隐患。虽然公司一般会对所有部门配备备用资金，但并不一定所有的部门都会动用备用资金，有部分长期未被投入使用的备用金资源便成了闲置资源，既不能创造新的价值，又浪费人力资源对备用金储户进行长期的更新与维护。还有一些部门可能会出现备用金使用不合规的现象。随着财务共享服务中心的设立，公司能够将子单位财务小组的功能逐步淡化，将备用金账户集中到共享中心进行集中处理。一方面，能够实现对备用金的有效监管，杜绝部门资金使用流程不规范现象；另一方面，也可将长期闲置的资金投入公司的核心项目中，提升资金的使用效益。

三 构建财务共享中心有利于创新财务职能

构建财务共享中心可以有效消除会计身份的双重性，科学设定各层次的内部管理体系以及创新财务职能，推动财务管理转型。

（一）有效消除会计身份的双重性

随着全球一体化和国际市场竞争的不断加剧，公司面临着越来越复杂的经济环境。财务共享中心的优化和升级对公司的决策科学化以及提高会计工作质量具有十分重要的推动作用。通过设置财务和会计部门，加强对核算会计和管理会计的相互分离，是对公司强

---

① 胡慧婷：《财务共享模式在广电网络行业的应用分析》，《财会学习》2022年第17期。

化财务工作的必经之路。财会分离是为了适应公司发展的需要。财务管理作为公司的职能管理业务，需要贯穿公司生产经营的全过程，其直接决定了公司的资本运作效率。核算会计是负责提供会计和综合财务信息的部门，为公司制定财务管理决策提供了重要的基础依据。由此可见，在公司财务系统的整体运作过程中，二者虽各司其职，但管理会计的作用却比核算会计更胜一筹。随着市场经济的逐步完善，财会分离已不单纯是社会经济条件的先需条件，更是公司加强内部控制的基本要求。要想加强内部财务管理，首先要把财务管理作为公司管理的核心，并对其进行大胆改革。只有核算会计与管理会计实现分离，才能有效消除会计身份的双重性，明确各自财务目标，实现精准、规范性管理，整体提高财务管理和公司运作水平。除此之外，财务共享中心还能够有效改善公司管理工作落后现象，核算会计和管理会计的相互分离能够在实践中促进财务管理水平的有效上升，完善公司财务工作流程，降低公司运营成本，为公司创造有利的经济价值。

（二）有助于科学设定各层次的内部管理体系

根据财务管理和会计职能，传统公司内部形成以财务部和会计部为主体，正副经理为负责人的机构体系。从部门分工来看，会计部门的主要任务是对外提供信息报告，并对公司的经济状况进行真实的反映。其中包括对日常经济任务的核算、反映与监督，同时还要向管理层提供准确的会计信息数据与报告。财务部门主要负责对信息进行运用，通过数据对公司的经营管理与决策进行统筹、管控，并对公司运营资金状况实施全过程监控，为公司争取利润最大化。除此之外，财务部门还要负责公司的资金筹划与管理，在进行财务预测与决策的同时有效控制有损公司利益的行为，并针对公司运作的现状积极提出意见与建议。从职务关联来看，会计工作是将大量的数据信息进行集中汇总、确认与整理，系统性地汇总公司的各项会计信息，如果没有财务管理系统参与分析与评价这些数据，那么这些数据将会成为毫无意义的数字，并不能对公司的经营决策起到参考作用。而财务管理工作是一项必须遵循会计信息数据作为依托才能使决策实现的工作，也就是说，如果没有核算会计提供相关的数据，财务管理的工作也只能形同虚设。由此可见，核算会计和财务管理的相互分离并不是要求它们分化成两个单独的单位，而是需要形成一种相互依托，共同进步的关系。财务共享中心正是在这种前提下为公司内各公司及分支机构提供专业的财务共享服务，重新梳理公司内部层级管理与分工，整合成为流程化、标准化的功能性业务，最终实现整体资源平衡，降低公司投入成本，提高工作效率与财务管理水平。

（三）创新财务职能，推动财务管理转型

在财务共享中心正式启动后，从公司总部到旗下分公司、子公司的内部控制以及职能也将随之产生变化。首先，总部本身的财务，如报销审核、资金拨付等，除非有特殊情况，一般将不再属于公司内部财务管理。其次，财务共享模式实施后需要考虑的一个更重要的问题是如何更好地整合和加强财务共享与集团总部的财务管理功能。尤其是在管理方面，如何发挥出财务共享中心集中化管理的优势，改变传统模式中横向和纵向财务管理功能，如现金管理、预算控制、成本控制、税务控制、财务报告和会计准则等。这些管理职能必须由财务共享中心负责整理与管理，并且要与公司发展战略和市场发展需求相结合，保证各项职能能够为集团总部提供清晰的财务运作基础。财务管理职能的转型是财务转型的核心。重组以经营为核心的事后职能，转变传统核算职能，能够有效从现有财务部门中除去大量基础性、重复性工作。在实现了财务信息的整合的同时，各分公司、子公司财务人员也可以将更多的精力和时间投入更高附加值的工作上。除此之外，财务会计作为整个财务系统运作的基础，通过财务共享中心的标准化处理，可以使财务信息更加准确与公平，提高财务集团的决策支持能力。

第三节　财务共享中心构建面临的挑战

新时期财务共享中心构建面临的挑战主要包括传统思维模式与网络文化的冲突、"互联网+"时代管理层和员工诉求之间存在差异以及共享管理模式缺少必要的创新等方面，如图1-3所示。

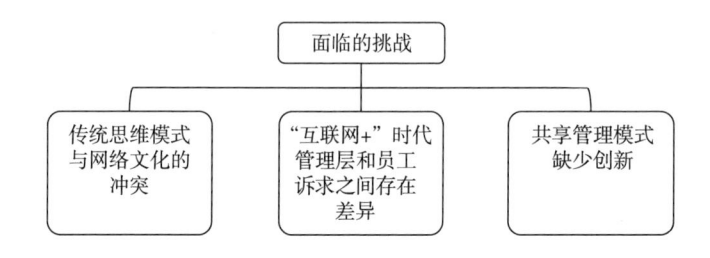

图1-3　财务共享中心构建面临的挑战

一　传统思维模式与网络文化冲突

传统思维模式与网络文化冲突主要体现在传统文化与网络文化融合缺乏包容性、传统文化与网络文化发展难以找到平衡点以及传统文化与网络文化差异导致转型难等方面。

（一）传统文化与网络文化融合缺乏包容性

网络文化是新时期中华民族文化的重要组成部分，事关社会稳定、国民素质提高等重大问题，是一种最积极的意识形态和竞争，同时，也是文化创新和发展的重要媒介。在互联网背景下，网络文化实现了人与人之间的平等，以人为本的理念在不断完善中得到淋漓尽致的体现，为每个人都提供了公平的竞争环境。通过网络文化，人们逐渐改变了传统的思维方式，从以往的一维正在不断向多维迈进，由平面逐渐向立体化发展。在此过程中，互联网上的每一个个体都在向外界表明自身的价值观念，众多意识形态的火焰不断产生碰撞，使人们的思维效率急剧提高。在碰撞过程中，出现无限创新的可能，也使更多新的文化源泉逐渐出现在人们视野。虽然网络文化带来了诸多优势和便利，但在其他方面也给传统文化带来了严重的冲击。互联网的出现，在改变了传统文化承载方式与传播形式时，对传统文化的发展与传承造成了严重的影响。文化与文化间的融合、交流和吸收也出现了一些不适应现象。尽管网络传输是对传统传播方式的升级，能够改变以往传播慢、范围狭窄的弊端。但在实际操作中，互联网繁杂的环境并不能有效抵制不良的文化入侵传统优秀文化，不能将传统文化的精髓有效地传承下去。这种由网络文化所引发的现象对中国传统文化提出了极大的挑战。互联网文化本身作为一种技术文化，如果不依赖传统文化作为依托，很难有更长远的进步。只有充分利用起网络文化，推动各类新媒体平等参与全球网络文化建设，积极弘扬中国传统文化，充分利用起二者所长，优劣互补，才能有效地促进未来文化的融合发展。

（二）传统文化与网络文化发展难以找到平衡点

自我国步入互联网时代以来，网络文化便以惊人的速度全面发展，影响着传统文化的方方面面。尤其是在近几年内，各种各样的智能网络产品陆续出现在大众视野，越来越多的人群开始通过不同的载体与网络途径找寻更符合现代人的生活方式。网络文化凭借自身的优越性，使人们无论从生活方式还是思维模式上都产生了巨大的转变。虽然融合发展应成为未来网络与传统文化的共同发展趋势，但在实际融合过程中，网络文化对于传统文化带来的冲击更多地表现在很多事物上网络文化对传统文化的过度逾越。传统文化自古以来在我国就具有不可动摇的地位，是我国日积月累不断积攒的宝贵财富，很多好的文化更是经过现代发展史的不断传承至今，单纯以代替的手法用网络文化去取代传统文化，势必会激发二者间矛盾的不断升级，尤其是在现时段公司财务共享中心亟待发展的时段，传统文化与网络文化产生的冲突使文化衔接出现了严重断层，无法推动双方更好地相互包容与进步。从环境影响方面来看，传统公司财务更偏向于行为规范化与流程标准化，在工作时更注重强调求稳不求变。而财务共享中心在依托了先进的互联网与人工智能技术的加持后，拥有比以往更为便捷的运行模式。这也使得财务共享中心会更偏向于如何通过不断创新与规范流程，使工作效率与质量得以提升。从内部组织结构来看，传统公司对于基层组织的设置主要侧重于整体系统的便捷性，将如何快速、准确地对工作进行有效对接作为系统运作的重点。而财务共享中心在升级与优化了传统运作体系的同时，更多关注的是财务的整合性与处理事项的灵活性，也使得二者之间很难在结构及运作方面达成平衡性与一致性。当创新对传统财务的冲击达到一定程度时，标准化、固化式的管理模式也将无法维持平衡状态，数字化发展用颠覆性打断了传统财务与财务共享中心的有效融合，这也是传统财务无法顺利转型发展的主要影响因素之一。

（三）传统文化与网络文化差异导致转型难

互联网文化的出现极大地推进了全球经济行为，促进了组织形式的电子化，改变了人们的生产生活方式，也使越来越多的职业结构伴随着科技力量以更多元化的方式呈现在人们眼前。互联网文化除了带给人们经济形式与民主形式的不断转化外，更多的是通过现代化发展理念对人们乃至社会产生了巨大影响，也对传统文化造成了一定的冲击，促进了传统文化与网络文化的碰撞。在传统文化和网络文化交融发展并对社会结构变化产生影响作用的过程中，人们在不同文化类型和思想观念的影响下，需要不断刷新对过往的认知，改变自身的价值观念，才能适应社会发展需求。然而，传统文化与网络文化无论在产生基础、传播方式等各个方面都存在较大的不同，因此人们在看待及处理传统文化与网络文化关系时，其角度和态度也均不相同。在工业社会和信息社会还未完全转型之前，强行推动财务公司向信息完全化转型必然会缩短进化过程，在过程中产生大量的漏洞，从而使系统矛盾不断上升。而且要完成传统财务到管理财务转型，需要建立更为规范的文化模式，这需要一个复杂与漫长的过程。如果新的规范尚未完善，就将传统思想观念与规模强行打破，不利于公司财务的顺利转型。

二 "互联网+"时代管理层和员工诉求之间存在差异

管理层和员工诉求之间存在差异主要体现在选聘机制不完善导致员工工作积极性下降、管理观念滞后导致员工工作配合度不高以及考核机制缺乏创新无法满足员工发展需求等方面。

（一）选聘机制不完善导致员工工作积极性下降

伴随互联网时代的发展，公司员工的心态发生了较大的变化，员工的自我意识不断提高，对公司的依赖程度逐渐降低。由于这种发展趋势，大多数公司对劳动关系管理缺乏认识，无法与时俱进地调整劳动关系管理的态度和方法，导致员工忠诚度下降。公司财务管理改革发展离不开人才培养，专业潜力人才的选拔和培养是推进公司财务共享建设，加深公司业财融合程度的重要工作。在公司员工关系管理工作中，加快员工的理念转变，将财务共享的推进作为员工与公司的共同利益点，既能够改善公司与员工之间的关系，提升员工对于财务共享的理解度，又能够优化公司人才格局，打造人才优势，为财务共享工作赋能。然而，大多数公司都没有充分意识到人力资源投资对公司价值创造的重要性。由于公司缺乏人力资源投入，公司无法满足员工多样化、个性化的需求，员工的职业规划与公司价值观的冲突的结果就是导致员工满意度下降。随着互联网技术在公司内部不断地广泛应用，使传统管理与运营方式都发生了巨大的转变。但基于高层管理人员的个人意愿，传统的公司人才选拔和培养方式却没有伴随运营体系的转变而发生变化。在公司传统管理模式中，对于人才的选聘以及培养体系的建设通常较为成熟，但在信息化时代背景下，大多数公司并不具备完善的信息化人才选聘与培训机制，一些公司仍然延续了传统的选聘方法。这种机制造成公司人才选聘与培训环节与社会需求出现脱节，公司的信息化发展道路也因此受到了严重的制约。财务共享中心的建设和运营要求财务人才不仅要保留传统财务管理的基本技能，还要具备适应时代需要的信息化处理技术。然而，在目前的财务共享服务运营体系中，大部分公司对人才的招聘和培养不够重视，财务人员大多以传统思维开展工作。固化的工作流程使财务工作人员的积极性不断呈下滑趋势，久而久之，逐渐产生大量消极怠工的现象，非常不利于财务共享中心的稳定发展。

（二）管理观念滞后导致员工工作配合度不高

在互联网的时代趋势影响下，进行公司人力资源管理质量优化的过程中，要注意顺应互联网体系的特点，尊重互联网体系发展趋势，并且从互动性、开放性方面进行重点把握，同时还要兼顾平等性。以互动性、开放性和平等性的构建打造多元化的互联网人力资源管理模式，以符合时代背景的视域看待公司人力资源管理秩序优化的稳定和人力资源管理质量优化的问题，并以管理方针为核心，引导工作人员价值观和相关理念的转变，实现个人成长，为公司创造价值，最终打造公司和员工共同成长的良性互动模式。公司管理秩序优化的目的是实现员工公司价值观的塑造和理念转型，相关工作要围绕这个目的而展开，并且随时关注业务操作过程中存在的相应问题，进行针对性解决。但是，在当前公司业务实际过程中，传统管理观念并不符合现实需要，与现代发展存在一定的脱节现象的问题，使得人力资源管理项目进行运营维护工作难以发挥作用，也无法彰显出人力资源管理项目的运营维护优势。另外，团队合作也是新时期"互联网+"时代人力资源管理过程中公司管理优化的一个关键环节，但目前大多公司内部的整体管理效率还存在严重的不足，管理观念的滞后性使公司内部集中分工出现了一些局限性，团队与团队间由于缺乏沟通，无法形成紧密的合作关系，相应的工作协调度也有所下降，从而制约了管理水平的整体有效提升，也导致了员工团队意识越发涣散，为管理工作的时效性和管控过程的顺利开展增加了许多难度。虽然大部分公司单位已经开始通过利用互联网资源对人事进行监督管理。但对某些管理任务的效率意识还不够清晰，严重地忽视了互联网讲究互动性与平等性的发展趋势，缺乏以人为本的管理导向,使人力资源管理的方向和目标逐渐偏离轨道,导致基层工作人员的工作配合程度严重下滑,最终影响了整体的工作效率和工作质量。

(三)考核机制缺乏创新无法满足员工发展需求

随着互联网对公司发展的推助作用,公司的真实需要也发生了巨大的改变。在公司规模不断扩大的过程中,势必会造成人力资源数量的急剧上升。虽然强大的人力资源团队能为公司创造更高的收益,但是大部分公司管理者通常只将如何提高公司经济发展作为主要核心目标,对员工的诉求并不重视,长此以往员工的工作热情势必会受到影响,最终导致工作质量下降。在互联网时代,基层员工的思维模式受网络文化影响也发生了一些变化,越来越多的员工也通过网络文化开拓了自身的视野,获得了更为丰富的工作技能与经验。员工能力的提升,将对优化共享中心与其他平台之间的对接产生积极影响,但在工作能力提升的同时,员工对于公司的诉求也会逐渐加大。然而,目前大多数公司组织往往会沉浸于享受员工为公司创造的价值,忽视了公司与员工之间的有效沟通。由于诉求长期得不到满足,基层员工会逐渐对公司产生失望心理,最终消极怠工或直接选择离职。这种行为严重违背了我国以人为本的发展理念,同时,对公司长期保留发展人才也极为不利。考核机制作为验证人力资源管理的最直接有效的办法,在促进公司与员工关系中起着不可或缺的作用。但是,在互联网时代下,传统的绩效考核机制仅能应用于对选拔以及培训方式的监督,并不能作为主导考核模式发挥既定作用。如果工作没有按照既定计划完成,就会出现一系列连带问题,最终导致整体效率降低。如果基层单位不建立相应的补偿和惩罚机制,人力资源管理工作就会流于表面,无法调动员工的积极性和主动性,势必会限制整体管理的有效性。在互联网时代,公司对员工在工作过程中获取信息量的需求增加,考虑到员工实际生活需要,在诉求方面也要与员工生活需求相适应,与员工工作量和工作积极程度相吻合。然而,事实上我国很多公司并未重点整合互联网技术和绩效评价反馈机制，现有机制难以激发员工的主观能动性，无法满足员工的真实需求。

三　共享管理模式缺少必要的创新

共享管理模式缺少必要的创新主要体现在管理模式固化难以适应时代发展需求、管理思维固化无法激发创新意识以及管理模式与公司内外部环境脱节等方面。

（一）管理模式固化难以适应时代发展需求

财务共享是新时代公司财务管理转型的必要途径，公司进行财务共享中心建设和升级，深化业财融合，需要一定的灵活性、创新性思维，与时俱进，并且还需要具备一定的专业管理知识基础，这与当前大多数公司现状相去甚远。随着中国经济的不断改革，现时期我国大多数的公司都已经能够适应市场经济的发展趋势，顺着市场经济和行业发展方向做出与公司运营模式相关的战略调整，并能对公司内部管理秩序建立持续性优化的意识，加速发掘公司内部运行过程中可能存在的各项问题，并对这些问题进行针对性突破，在不断发展的道路上取得了一定的进步，维持着公司的正常运营。我国公司的信息化发展程度整体水平偏低，部分公司经济活动的结果并不理想，并且基本长期处于低效率与低竞争力的状态，缺乏可持续发展的实力。在传统思想影响下，公司虽然能够维持运行稳定，但也难以突破发展瓶颈，在激烈的市场竞争中随波逐流，亦步亦趋。传统的管理理念制约着现代公司的发展，而框架式的运营模式则束缚了公司财务共享的推进和业财融合深化的步伐，这种固化的管理模式和思维不利于公司财务共享中心的标准化、规范化建设，也不利于公司财务管理转型目标的顺利实现。另外，在传统公司经营模式的影响下，一些公司从以往的运营经验中总结出了一套能够符合自身发展需要的固定模式，并且帮助公司度过了市场环境相对稳定的时期，并一直把这套模式沿用至今。还有一些公司由于自身管理知识的缺乏，只能对其他公司的固定流程生搬硬套，以抄袭的方式复制其他公司的管理模式。但在实际的运作过程中不难发现，公司管理流程是基于每个公司的运营特点，在公司业务实际的基础上设计的，一味沿用其他公司的模式，忽略了自身业务发展的实际需要，必然无法使管理模式的作用得到最大化发挥。

（二）管理思维固化无法激发创新意识

由公司的成长规律可知，公司在发展过程中必然会经历创业、集资、规范化以及平稳期，直至最后走向产业兴旺或衰败。公司走向衰败都是需要经历一个长期的、慢性的过程，它并不会在短时间内产生的巨大转变，而是随着时间的不断推移，在各种要素的共同作用下逐渐发生变化。一般情况下，公司在前期发展时通常会表现出十足的干劲，但随着发展时间的不断延长，公司业务逐渐进入稳定期，公司自身也在漫长的发展建设期间对公司经营发展事宜进行了总结，最终得出一套能够适合自身实际需求的发展模式。公司将这套模式看作运营发展的万能模式，不再进行创新和升级，只要碰到类似于以前的问题出现时，就可以沿用从前的解决办法，久而久之，公司就形成了一种固定的思维模式。但是实际上市场处于不断的变化中，用固有模式和思维去应对新的问题，虽然存在一定的作用，但是无法彻底解决问题。思维固化之所以能够对公司产生如此严重的影响，甚至危及公司未来经济发展，其主要原因就在于思维存在惯性。无论是管理者还是普通员工，思维固化的直接结果就是来自思维的惯性。当公司在运营过程中出现问题时，人们习惯通过以往的遭遇与经验来分析它，在解决难题的过程中过于常规化、模式化与刻板化，形成固执一致的视角。客观来讲，在公司发展过程中，总结以往的经验与教训有利于公司长久发展。但如果决策和技能执行完全依赖于对以往经验的整合，在遭遇困境时，公司就会习惯于采取过去的方法与策略，而忽视现时期社会发展需求的改变。思维惯性一旦形成且顺理成章地被应用于公司运营中，势必会扼杀公司创新与探索新路径的动力，长此以往，公司必然会陷入固化困境中。

(三) 管理模式与公司内外部环境脱节

公司中的固化现象不仅指的是对思维以及行为的固化,也不仅只在短期内发挥作用,而是随着时间的推移,将已经固化的思维和行为模式在未来产生持续性与拓展性的影响,使后来的参与者争先效仿。并且由于后者不具备前者固化前的经验累积,盲目跟风地套用其他公司的运营模式,其受固化思维和行为模式影响将产生更严重的负面效果。这主要是因为现在大部分公司都安于现状、不屑于改变、过度自信且对盲目跟风行为过于依赖,还有一些中小型公司由于自身资源与技术都有限,不得不套用其他公司运行较为稳定的模式。当这种固化的风气在公司中不断蔓延时,会不断打击新参与者的挑战勇气与创造积极性。由此可见,尽管固化困境始于刻板印象和思维习惯,但最终是对员工创新理念的直接压制和对创造性行为的否定。在网络文化背景下,现代化知识经济为公司带来了诸多的机遇与挑战,通过学习与运用新知识、新文化、新技术能够促进公司管理制度与运营体系的不断创新,同时,也能够极大地降低公司运营成本,传统的思维要素已经逐渐失去了主导地位,如何改变并创新适应时代发展的新思维模式才是壮大公司的首要选择。为此,公司管理者应该尽快摆脱公司同化效应,充分反省自身的不足,并通过现代化知识与技术,打造更适合自身发展的管理模式,以此来不断提升公司的核心竞争力。

第四节　本书的研究思路

本书在梳理了财务共享与财务共享模式、财务共享中心构建的必要性分析、财务共享中心构建面临的挑战基础上,进一步分析了财务共享中心构建风险与财务共享中心优化关键因素,并结合海尔集团与美的集团的财务共享案例得出公司财务共享有效运行的启示,着重从业财融合、内部控制以及区块链技术应用方面分析了公司财务共享有效运行的机制，并在此基础上提出了公司财务共享运行与优化建议，为公司财务共享运行与优化提供有益的理论借鉴，研究技术路线如图1-4所示。

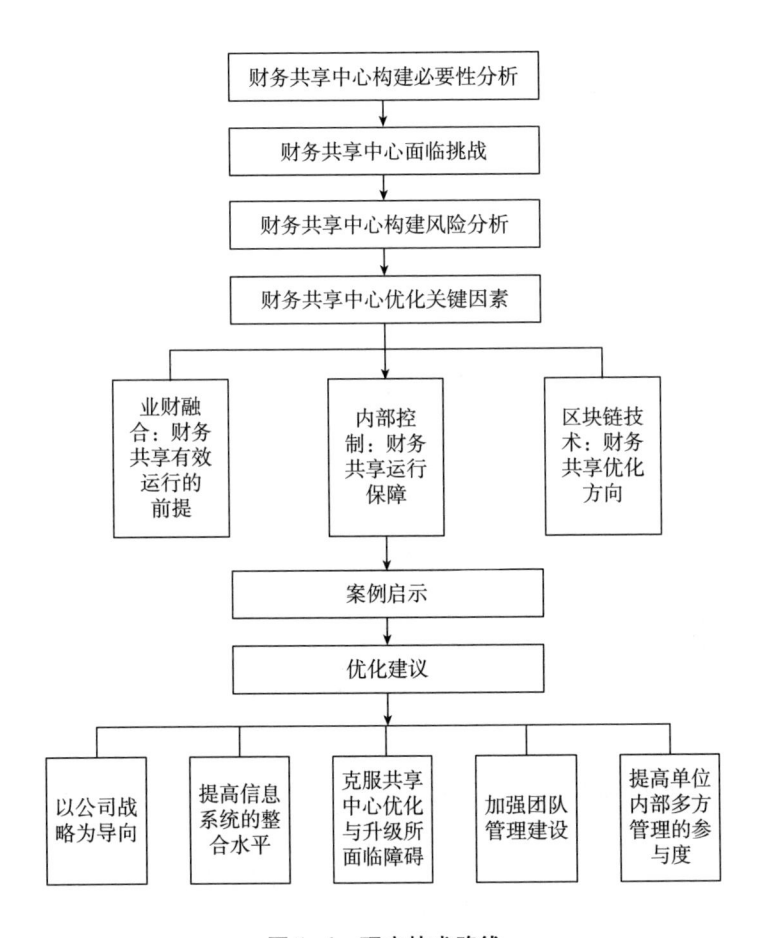

图1-4 研究技术路线

第二章 公司财务共享中心构建风险与关键因素分析

财务共享中心构建风险主要包括组织结构设计风险、信息安全风险、财务与业务不融合所导致的风险、业务系统管理风险以及流程管理风险等，在此基础上分析了财务共享中心优化关键因素，内部控制、业财融合以及区块链技术等。

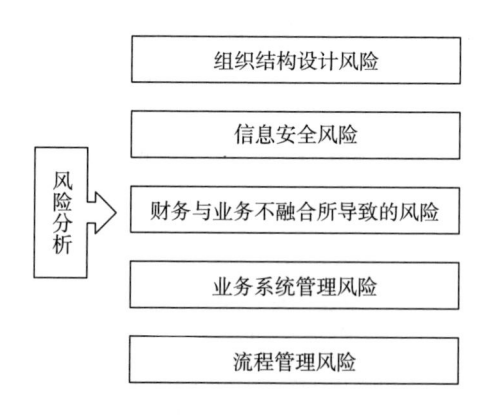

第一节 财务共享中心构建风险分析

财务共享中心构建风险分析主要包括组织结构设计风险、信息安全风险、财务与业务不融合所导致的风险、业务系统管理风险以及流程管理风险等，如图2-1所示。

图2-1 财务共享中心构建风险分析

一　组织结构设计风险

组织结构设计风险主要体现在财务共享中心构建对组织流程再造提出了更高的要求、财务共享中心构建需要明确的风险管理组织架构以及组织结构权责分配不合理影响财务共享实现等方面。

（一）财务共享中心构建对组织流程再造提出了更高的要求

组织结构是公司职能权责划分的基础，良好的公司组织结构能对公司运行效率起到积极的保障作用。在良好组织结构机制下，公司各部门分工有序权责清晰，从而能够顺畅开展有关工作，优化公司业务执行力，提升效率，因此，组织结构设计对保障公司正常运行具有重要作用[1]。由于财务共享中心建设需要对公司组织结构进行梳理和再造，理顺关键业务流程，使得公司能够优化管理质量、提升业务流转效率，并实现员工素质的整体提升，加快财务转型工作，为此在公司财务共享程度提升的过程中，在组织结构的设计层面可能会面临一些风险。对于公司而言，在推进业财融合，加强财务共享中心功能的过程中，就要明确公司发展的整体战略目标[2]，并了解公司当前在管理方向可能存在的疑问和困惑，梳理公司在优化管理秩序、推进业财融合过程中的障碍[3]。在战略发展目标和管理优化实际问题的基础上，要确立公司财务共享中心建立和升级的基本定位，为财务共享中心建立配备既定目标，然后再围绕这一具体定位对公司的组织结构进行设计和再造，这是公司共享中心建立初级阶段的大致流程。通常单纯的公司服务框架建立相对难度较低，所需进行的组织结构方面的工作较为简单，但在财务共享中心影响下，要对管理体系进行整体性梳理和优化，基于财务共享视角下进行公司组织结构考量，则对公司的管理能力和管理理念形成了

---

[1] 吴雅丹：《财务共享中心对企业财务管理的影响研究》，《企业改革与管理》2021年第2期。

[2] 周志强：《深圳明华科技股份公司创新战略研究》，硕士学位论文，兰州大学，2012年。

[3] 苏娜：《财务共享中心建设过程中的思考》，《全国流通经济》2021年第2期。

一定的考验，其难度也就明显高于单纯公司服务框架的建立①。为此，公司需要适应基于财务共享中心视角的管理体系优化难度，加快组织结构梳理和再造的扁平化推进，从而保障财务共享中心建立能够符合公司业务发展的实际和所选财务共享服务的需求，提升财务共享平台设置的合理性，否则就可能由于管理理念的不到位而在流程梳理方面存在困难，继而影响财务共享的整体效果。通过提高共享中心整体视域对公司管理体系进行构建，才能够保障财务共享平台后期投入使用时能够按照既定的计划和目标发挥效果，释放公司发展能量，发掘公司内在潜力，实现运营状态的稳定发展。但在实际推进过程中，关于公司组织结构设计和重构工作往往无法顺利运行，主要是一些关键的架构细节不够明确，存在一定的模糊性，使组织机构梳理困难，相关组织结构混乱，既影响了公司管理质量的提升，也影响了公司财务共享优化升级的整体工作。在公司财务共享优化升级过程中，组织结构设计存在风险是一个不可忽视的风险要素，组织结构设计的失衡使得公司治理难度大大加深，无法建立良性运行机制，也会进一步影响公司决策。在公司内部，由于组织结构混乱导致权责不清晰，存在职能的交叉现象，部门之间互相推诿，使各项工作难以落到实处②。公司组织结构设计风险可以表现在部门间沟通、不同部门的职责分配、原料采购及产品营销等多个方面，受到环境、战略、技术、人员等多种要素的影响。组织结构的僵化使得相关的资源和信息难以流动，也使得部门间难以达成紧密协作的高效模式，不利于实现公司的战略发展目标。而同样的，公司组织机构设计过程中存在的风险也会对财务共享中心的建设和升级起到消极作用，阻碍财务共享中心的建设和正常运营，还

---

① 王富平：《财务共享中心项目建设风险管理的有关探索》，《财经界》2021年第1期。

② 曹一鸣：《论财务共享模式下的风险管理》，《上海商业》2022年第6期。

会对公司经营秩序造成一定影响[1]。

(二) 财务共享中心构建需要明确的风险管理组织架构

对于现代公司而言，进行风险管理的相关工作是涉及公司全员范畴的一项重要工作，为公司维持基本运行提供了关键保障。公司风险管理不仅是公司领导层需要考虑的问题，也不仅仅是风险管控部门的本职工作，在公司运行过程中，从董事会到管理层，以及财务经理、审计和基础部门员工都承担着维护公司运营秩序、防范相关风险的重要任务。在此基础上，公司形成了以全体员工为基准的风险管理组织，并根据组织内的具体主体进行有关风险管理的权责分配。公司风险管理组织设计主要解决的问题就是相关主体在公司风险管理工作过程中具体承担的责任和义务，并通过管理组织的形式对各主体地位进行明确。其中既包括董事会和风险委员会权责，又包含了各级经理、CEO、风险管理部门、财务审计部门和基层员工等[2]。风险管理组织就风险相关职能部门对公司风险管控进行整体性把握，对各主体的关系进行准确阐述。风险管理组织的工作重点就是决定公司采取什么样的风险管理模式，相关风险管理职能机构需要发挥什么样的作用。随着经济建设脚步不断加快和经济水平的不断发展进步，外部市场环境已经越来越复杂，公司要想维持稳定经营，所面临的风险要素也在逐渐增多。因此在公司经营过程中对相关风险进行准确的识别和预判、提升公司风险管理能力事关公司生死存亡，也与公司能否达成战略目标息息相关。在公司财务共享中心建设过程中，必须要正确识别在组织结构层面可能存在的风险，建立明确的风险管理组织框架，实现组织流程的树立再造，建设分工明确、各司其职的组织结构。否则就会很容易陷入沟通不畅、效率低下的恶性循环，影响公司的正常运行，还会增加公司的

---

[1] 杨新颖：《证券公司财务共享中心建设探讨——以A公司为例》，《财务管理研究》2022年第7期。

[2] 邓杰伟：《证券公司财务共享中心的建设与效益研究》，硕士学位论文，西南财经大学，2020年。

经营风险，导致一些恶性事件的发生，破坏公司的市场形象和客户关系基础。综合考量我国国情和不同的公司环境及文化，其关于风险管理业务的等级和风险管理部门的组织结构设计都不相同。公司增强风险抵御能力，关键就是从自身实际出发，借鉴国内外在风险管理方面的大量实践经验，通过组织结构设计的优化，提升风险管理组织架构的有效性，这是保障公司风险管理机制能够正常发挥作用的关键，也是公司在进行财务共享中心建设和升级、风险管理能力提升过程中必须考虑的重点问题[1]。

（三）组织结构权责分配不合理影响财务共享实现

公司推进业财融合，选择相关财务共享中心的服务需要综合政治、经济、市场政策等多方面要素考量，选择合适的财务共享中心对于公司顺利推进业财融合、提升财务共享水平具有重要意义。在公司组织结构的设计基础上进行财务共享中心的选择具有一定的风险，主要是如何实现组织运行的稳定，并以此确定财务中心发展环境，进行比对分析。其难点主要在于公司领导层如何引领员工加速实现理念转变，建立有关公司组织结构设计的正确认识，遵守公司组织结构和公司规章制度。当公司员工能够正确理解公司组织结构设计的重要性，才能与公司并肩作战，共同为实现公司经营秩序稳定和战略发展目标而努力。为了实现这一目的，就要克服公司组织结构设计时可能面临的风险要素，根据公司内部性质进行科学设计。尤其是在权责分配方面，要作为公司组织结构设计的重中之重。必须要打造以合理化和公平化为基准的权责分配制度，避免相关机制或者部门由于权责不明而导致的工作重复，从而使公司运行效率的下降。财务服务共享中心的建设升级是一种集成化的模式，保障财务共享中心在公司成本管理和财务转型方面正常发挥作用[2]，就需要共享中心与公司之间搭建起沟通合作的桥梁，借助财务共享

---

[1] 虎全胜：《推进财务共享中心建设与实施》，《中国总会计师》2022年第7期。
[2] 徐丹：《对企业财务共享中心建设的探讨》，《环渤海经济瞭望》2021年第9期。

中心和公司各自的优势，保障共享中心建设升级的整体工作。一旦脱离这个方向，公司进行财务共享中心建设的过程中就要面临组织结构设计层面存在的一些风险，使得共享中心无法从整体上了解公司集团和下属单位的业务关系和流程走向，也不能发挥加快财务管理转型、推动公司财务共享程度提升的重要作用[①]。倘若公司在共享中心建设升级时无法正确树立组织结构设计层面的矛盾和问题点，就会使得组织模式难以实现共享。一旦这方面的风险发生，财务共享中心将无法对公司财务管理转型起到积极作用，也会使得财务部门的组织架构存在一定漏洞。

二 信息安全风险

信息安全风险主要体现在财务数据处理流转过程中的安全隐患、新旧系统衔接过程中的数据安全隐患以及保密机制不规范带来的数据安全隐患等。

（一）财务数据处理流转过程中的安全隐患

公司财务共享中心建设和升级的过程中还可能面临信息保密领域存在的风险，这也是大多数公司在进行财务共享活动时存在的隐患之一。对于现代公司而言，日益加大的竞争危机导致公司管理层备受压力，而在经济利益的诱使下，一些公司甚至会选择不当的竞争手段参与市场竞争，从而导致其他公司的利益受损。在这种环境下，公司不得不对核心信息的保护加大力度。在公司经营管理过程中，由于业务运行而进行上传和流通的业务信息和财务数据是公司的核心信息，其中既涵盖了公司的客户资料、成交价格，也涵盖了公司运行成本、利润率等重要内容，公司必须对这些信息进行充分信息保密，使其不被泄露或者窃取，否则就可能导致客户的丢失或者重要信息的泄密，还可能会遭受一些经济方面的损失，从而影响公司的品牌形象等。而在公司进行财务共享建设时，共享中心需要

---

① 谢薇：《港口企业财务共享中心建设面临的挑战及对策》，《财经界》2022年第2期。

将与公司运行有关的各项业务信息和财务数据进行处理和流转，共享中心对于公司信息的保护模式不同于公司传统运营模式，并且公司要进行业财融合，加快财务共享就需要将相关业务通过共享中心来实现，从一定意义上说，就是需要将公司核心信息的维护工作与共享中心进行分担，与传统经营模式中公司仅将核心信息在内部流转相比，共享中心的运营模式导致在公司信息保护领域可能存在一些潜在的风险。再基于网络环境的特殊性，就很容易加大公司信息保密领域存在的风险。对于现代公司而言，一旦核心的财务信息遭到泄露，则会导致公司遭受损失。因此，一些公司在建设财务共享中心时，其重点工作就是如何抵御信息保密领域存在的风险，保护公司的核心信息不被泄露。为此，就对公司信息安全的管理和维护能力以及核心信息的防护水平提出了更加严格的要求。由于财务共享服务需要依赖IT和系统集成的相关功能才得以发挥作用，而系统的优化和设计又是财务共享服务能够正常运行的基础，因此公司财务共享中心的建设就要对信息技术进行合理运用，并且能够正确处理关于系统兼容性、安全性和产能之间的关系，使得相关单据信息和核心财务数据既能够实现在共享中心中的快速传输和存储，又能够保障数据安全性，实现数据信息在不同系统中的兼容等。通过信息系统的集成化，实现相关公司业务流程的优化设计，对共享服务中心的功能存在一定的要求。要通过共享服务中心对业务和其中蕴含数据的处理，实现业务流程的流转和系统风险的有效防范。在会计核算的相关业务中，要实现会计核算的功能，就要有基础流程和系统作为支撑，使得会计核算流程能够成功抵御信息失真的风险。另外，财务共享中心系统能够使公司业务流程联系起来，提升业务关联性，继而增加业务环节的辐射范围。

（二）新旧系统衔接过程中的数据安全隐患

在财务共享过程中，信息保密领域存在的风险还体现在新旧系统的转换方面。新信息系统的建设与旧信息系统相比，在运行机制和作用方面都产生了较大的差别，可以说新系统已经使公司信息保密和运行机制发生了颠覆性的改变①。而公司推进财务共享的过程中，由旧的信息系统向新系统转变时，就会需要进行相关数据的整合工作。其中不但包括公司运行过程中的各项业务记录，也有许多重要的数据等。新旧系统之间的整合和转换，对系统兼容性形成考验，也对信息保密工作提出了更为具体的要求。这其中不但包括技术、资金、人员等要素，也包括公司组织和管理理念的范畴，稍有不慎就可能引起财务共享中心运行后期的诸多潜在风险。并且，由于财务共享对互联网技术具有一定的依赖作用，大量的业务单据承载着公司的财务数据在网络环境中进行传输，工作人员也在线上进行相关业务单据的处理和保存，每一个过程可能都存在一定的数据篡改或者被盗取的风险。另外，由于当前我国关于公司共享中心建设和升级还缺乏相应的实践经验储备，尤其是在人员方面存在较为明显的人才短缺劣势，导致了财务风险的增加②。由于缺少能够维持系统安全性、抵御公司信息保密领域可能面临的一些风险的专业型人才，许多公司在进行财务共享中心建设的过程中只好依赖外部聘请等方式来进行，造成了一定的资金压力，并且也可能出现外聘人员对公司流程不够熟悉的情况，增加公司的人才培训成本，也影响财务共享中心正常运转的效率。最后，公司建立共享中心之后，在信息传递过程中可能存在的风险还包括一些失真风险。相关的报账信息经过各部门的流转后统一由共享中心进行收集，在一些影像技术的作用下，一旦监督不到位，就可能存在一些伪造单据的行为。作为公司会计信息化的重要载体，共享中心与公司财务系统相连接，可能存在由于审查不到位而引起资金风险，继而引发对公司资金安全性的潜在隐患。无论是单据伪造还是数据篡改，都属于共享中心信息传递过程中可能面临的失真风险，利用财务共享中心财务管理综合系统的机制，借助网络平台技术的漏洞，进行公司保密

---

① 范有卫：《企业财务共享中心建设的难点与对策》，《全国流通经济》2022年第4期。

② 陈华：《施工企业财务共享中心建设研究》，《中国市场》2021年第5期。

信息及合法权益的损害行为。可见财务共享中心的财务系统和资金系统一体化建设既加快了公司的运行效率，也不可避免地带来了一些新的资金安全风险。由此可见，公司财务共享的推进过程对数据存储和传递的安全性具有非常严格的要求，公司只有重视数据保护，才能有机会抵御信息泄露风险，维护公司权益①。

（三）保密机制不规范带来的数据安全隐患

财务共享依托信息技术，以加快公司组织机构合理化，提升财务运营效率为目标，对公司流程优化和管理质量提升起到积极作用，公司建设财务共享中心是新的时代背景下顺应时代发展趋势的必然之举，但在财务共享中心的建设过程中，公司还面临着一些风险，尤其是在涉密信息的保护方面，存在定密不准、保密措施不足的现象，从而引发一系列的风险。而一些公司由于缺少安全意识，没有定期开展关于信息保密的有关培训学习工作，导致员工在公司信息保密方面没有建立起充分的认识，使其在工作中没有养成定期更新软件等良好习惯，也不利于公司核心业务信息和财务数据的保护。首先是定密不准的问题，公司在采取涉密信息保护相关措施之前，必然先完成定密问题，为此应当具备标准的判定方式，由相关部门或者领导指定信息是否属于涉密信息，避免将一些并不重要的内容划定为涉密信息，导致保密措施相应资源的浪费现象等。在公司运行过程中，许多人对信息是否涉密并不了解，这就容易导致相关工作人员对信息是否涉密产生混淆，这就可能出现将涉密信息公开，或者将非涉密信息作为涉密信息进行保护，导致公司信息保密领域产生一定风险。其次是保密措施不足引发的风险。公司进行信息保密工作、维持核心信息和数据的安全性，需要依靠相关防火墙软件和硬件设备同时进行。其中，硬件设备可以包括通信相关的线路、机房等内容。有些公司在进行核心信息保护的过程中，将涉密

---

① 丁清丹：《J公司智能财务体系构建及运行财务绩效评价研究》，硕士学位论文，山东工商学院，2022年。

机房随意选择设置，不符合防电磁干扰的要求，导致信息泄露的风险。另外，还有一些公司缺少对涉密的媒体介质进行管理的统一标准，从而使得媒体介质的保管不规范。而软件系统方面的措施欠缺则主要体现在系统使用方面，如数据库的密码和安全设置、软件及时更新升级等。例如，在公司员工进行系统操作时，由于个人使用习惯等原因对软件安全设置进行更改，或者下载一些盗版软件等，可能存在信息系统被病毒攻入的风险。另外，一些员工没有养成定期更新软件的习惯，使得软件版本落后，也会影响公司核心信息的保护效果。尤其是在装有国际货币代收付、外汇功能的计算机上，一旦存在这些风险，就会危及公司的资金安全。

三 财务与业务不融合所导致的风险

财务与业务不融合所导致的风险主要体现在业财融合不足阻碍财务共享流程再造、业财融合不足带来的信息不对称以及业财融合不足加大了公司的资金压力等方面。

（一）业财融合不足阻碍财务共享流程再造

财务与业务的深度融合是公司推进财务共享发展、加快财务管理转型的基本前提。公司想要顺利实现财务共享，降本增效，就必须使得公司内部财务和业务部门工作能够进行充分协调与融合。因此，公司财务共享中心建设过程中，可能存在财务与业务不融合，或者融合程度过低的现象，并可能对公司运营造成一定的风险，使得财务共享中心对公司流程管理优化的作用不能得到充分发挥，也影响了公司各项优势资源的合理配置，不利于公司的综合发展。从共享中心功能来看，要保障共享中心带动公司业务的标准化、规范化运行，就要积极动员各部门人员共同参与，加快思想转变，建立有关财务共享的统一思想。在财务共享思想的影响下，多部门积极协同配合，建立业财融合的工作机制，才能够提升工作效率，加快财务管理转型。但实际上，财务与业务之间的融合难度较高，受到多方面的影响。例如，传统运营模式中，业务体系与财务体系原本就是相互独立的，在思维方式、专业领域上，都有明显的不同。财务部门人员多采用过程导向思维，而业务人员则以结果思维为主，并且两部门都只是专注于本专业领域的相关知识，对其他部门业务内容不甚了解，并且在时间方面也存在较大不同。由于这些差异的存在，使得财务业务管理没有形成闭环，业财融合体系还不完整。这种格局对财务共享机制的运行存在明显的消极作用，会使得财务共享建设无法达到预期效果[1]。相较于国外，我国在推进财务共享方面的经验还很缺乏，整体进程也比较缓慢，相应的技术水平还不能适应时代发展要求。对于当前大多数公司而言，已经慢慢建立了财务共享的相应认识，但对其理解主要停留在基础财务工作的处理方面，至于组织结构再造、流程再造、管理平台、财务平台等功能，认识和使用都不够全面，财务共享中心对公司业务流程的精细化规范化运行的优势也不能充分发挥，最终使得财务和业务不能完全融合。在公司财务共享中心建设和升级过程中，财务和业务不融合会导致资源调配不均，各项服务系统和管理制度不能落到实处，在数据收集方面的优势和通过流程再造提升公司效率的既定目标无法实现，继而引发对公司运营方面的不利影响，为公司带来了一定程度的风险。对于财务共享服务中心的相关绩效考核指标的缺乏，也使得公司业财不融合的现象加剧，无法发挥激励作用有效提升员工工作的积极性，这也与管理层对财务共享服务中心认识不足有关，体现了公司在业务流程和财务共享中心建设方面的欠缺，也对公司财务共享中心运营造成了一定隐患。

（二）业财融合不足带来的信息不对称

公司进行财务共享模式建设时，经济业务和会计核算逐渐分离，对业财融合程度提出了更高要求。当公司财务与业务不融合时，就会导致实际业务过程存在脱离了会计控制的风险，影响相关流程的受控状态。从财务共享模式上看，由于公司将分支和子单位中重复

---

[1] 高二妹：《江苏泽佳公司绩效管理优化研究》，博士学位论文，兰州理工大学，2022 年。

性高的业务集中至财务共享中心处理，在地区限制的基础上，财务共享中心与分支和子单位之间只能通过相关电子业务凭证进行衔接。因此，如果员工伪造报销单据，或者进行重复报销时，在审核阶段对单据进行识别的难度较大，极有可能出现财务人员审核通过致使本不该通过的业务单据审批通过，或者重复报销申请批准的情况。远程业务操作为业务人员带来了一定便利，也对公司的业财融合程度形成了一定的考验。当公司的业务和财务不融合时，公司有可能会对相关业务的管控约束能力减弱，也影响了相关业务的真实性，还会出现由于财务会计和管理会计信息不一致现象，当公司财务和业务不融合时，就会对财务共享中心建设升级产生一定风险。财务会计的主要职责是提供有价值的财务信息，为公司的投资者群体提供能够反映公司经营情况的决策关键信息[1]。因此，财务会计需要在日常业务单据的基础上，对相关数据进行整合，编制财务报告。财务会计的职责中不包含一些非财务信息的范畴，其重点是对已经发生的业务进行总结，除了坏账准备的估计提取等业务外，财务会计的功能更加偏向于历史描述。而管理会计则着眼于公司长期计划，以未来的眼光指导公司当前经营活动，其针对性更强，属于经营型会计，管理会计能使公司经营有更强的预见性。因此，财务会计和管理会计的信息不一致现象会进一步阻碍公司实现业财融合，进而也对财务共享中心发挥作用存在一定的消极影响。业财融合为实现公司管理会计转型提供了创新思路，而业财融合的顺利运行也离不开公司管理会计相关方法[2]。在业财融合和财务共享的时代背景下，管理会计应用的内容发生了转变，开始呈现跨区域、链条式的特点。在这种变化的影响下，管理会计的边界度逐渐消失，而管理会计对应的主体也不断增加，不仅涉及公司内部各项资源的

---

[1] 卢秀群：《财务共享服务模式在企业集团中的应用：变革与发展》，博士学位论文，南京大学，2016年。

[2] 吴美兰：《财务共享服务中心的构建研究——以焦耐公司为例》，《冶金经济与管理》2018年第8期。

管理，还能够把上下游商户和公司进行关联，打造利益共同体，这就对公司的业财融合程度形成了一定的考验。公司只有具备充分的业财融合程度，才能够实现合作的稳定性，否则就可能面临市场环境不确定造成的相关风险，或者受到合作关系波动的影响。另外，价值链整体协同的难度也影响了业财融合的推进，导致业务和财务不融合的现象，进而影响财务共享中心的建设与升级。

(三) 业财融合不足加大了公司的资金压力

财务与业务不融合所导致的风险还体现在财务管理层面。首先，一些现金流量优势较大的公司，在支付账款方面有严格限制，以避免提前或者逾期支付对公司产生的不良影响。对这些公司而言，账款提前支付可能导致公司流动资金存量波动，而拖延账期则会对公司形象产生影响。公司应付账款需要发票、供应商发货单、货物三者俱备的前提下发起报账。当可以满足支付条件时，系统根据流程发起人的具体申请时间向财务共享中心进行单据流转，共享中心只会基于单据情况进行合规性审查，判定是否可以支付，但对支付的具体时间没有控制权。由此可见，财务共享中心实际运作过程中对供应商初始信息中的支付方式和时间缺乏后续的管控，只是按照流程发起时间进行合规单据的支付操作，这与公司业务与财务融合程度低有一定的关联，并且在这个环节可能会产生一定风险。其次，应收账款部分能够反映公司当前账龄情况，财务管理人员可以随时查询应付账款具体信息，但由于系统自动匹配，所提取数据的真实性还存在一定不足，尤其是在对现结收入和资金冲销匹配方面，只能由业务人员自行认领，这就对公司业财融合程度提出了更严格的要求。由于业务部门通常需要进行应收账款考核，可能会将相关款项与邻近账期客户相匹配，从而导致应收账款真实性受到影响。按照公司发票规章制度，专用发票需要持有合同原件到财务部门开具，当财务人员接收款项入账通知时，具体冲销哪笔欠费需要业务部门进行认领，并且指明对应发票，但由于公司存在业务与财务不融合的现象，业务部门认领的及时性不足，就可能导致公司财务人员存在资金区分困难的现象，并影响应收账款相关数据。一些未区分资金的存在使得公司应收账款管理难度增加，还可能引起流动资产和负债的虚增现象。另外，由于公司业财的不融合，可能引发内部往来账款产生混乱现象，存在一些双边挂账的问题。最后，业财不融合还可能通过预算执行情况的监控效果差从而带来一定的风险。通常公司的预算计划会通过 ERP 系统进行传送，在报销系统中进行初审环节，符合初审条件的发起报账流程，上传至财务共享中心处理。在实际操作中，可能存在预算管控能力差引起的预算模块难以对业务部门进行预算执行情况的实时监控现象，使得预算超支，为公司带来一定的资金压力，也造成了一定程度的风险。

四　业务系统管理风险

业务系统管理风险主要体现在传统运营机制无法满足财务共享模式需要、业务管理系统低效运行影响财务共享效果以及业务系统运维漏洞为财务共享运行带来隐患等方面。

（一）传统运营机制无法满足财务共享模式需要

公司财务共享中心的运行机制作为现代公司财务管理转型的重要组成部分，代表了公司管理发展升级的前进方向，是对以往公司管理模式的推陈出新，对传统公司管理思维造成了一定的冲击。公司财务共享中心的运行与传统公司的运营机制有较大不同，因此为保障财务共享中心体系的运行效果，公司不但需要摒弃传统的经营理念和模式的束缚，还需要配置稳定的业务管理系统，为财务共享中心的建设和升级起到重要的支撑作用。如果缺少了业务管理系统，共享中心对公司内部的管理优化效果就很难得到发挥。在公司财务共享中心运行的过程中，有时因为一些客观方面的原因会引起系统故障，或者引起一些数据方面的乱码现象，使业务流程无法正常运行下去。这些紊乱的数据会影响整个财务共享中心的运行，并且其可能导致的后果远远超过传统公司经营模式下业务流程卡壳或者错误可能引发的问题。由于空间方面的限制，一些公司组织沟通渠道不太顺畅，员工之间很难实现有效沟通，这就可能导致公司对业务风险应对的能力不足，遇到关键风险事件时响应不及时，对内部管理控制质量差的现象。在大数据时代，公司要想不断发展，实现战略目标，必须顺应时代发展潮流开拓进取，使其运营秩序和管理模式能够符合时代发展和市场需要。同样地，财务共享中心也需要根据市场发展和公司的实际需要，对自身业务流程不断优化，及时进行系统升级，保持信息系统的先进性和稳定性，从而维持提升公司财务管理质量、推进公司业财融合建设的基本功能。而财务共享体系更新后，公司相关人员就需要对新系统的功能、业务单据流程甚至界面重新适应，虽然公司会为员工组织一些培训，但毕竟适应新的业务流程还需要一定的时间。在员工对系统升级的适应过程期间，就会出现由于对新系统的不熟悉而影响效率，或者出现差错的现象。在系统刚刚升级之后，常常会出现不稳定的现象，员工进行财务共享中心相关业务单据操作时，可能系统会闪退或者报错，导致相关业务单据无法提交和流转，继而引发单据滞留、堆积的现象，导致业务流程中止。共享中心系统还与银企互联等系统存在交互关系，这就对系统接口的稳定性提出了一定要求，当系统管理出现纰漏导致系统接口不稳定时，公司就会面临较大的财务风险。一旦故障侵入银企互联，就可能通过公司支付系统对公司利益造成不可估量的损失[①]。

（二）业务管理系统低效运行影响财务共享效果

公司财务共享中心建设和升级过程中可能面临业务系统管理存在的风险，表现为系统整体运行秩序的不稳定。由于建立财务共享中心对公司规模有一定的要求，适合那些经营规模较大、子单位较多且地域分布较分散的大型公司，因此，公司的各个分属结构可能分布在多个不同的地区，有的还会出现跨国经营的情况。我国幅员辽阔，经济发展程度不均衡，一些公司为打造成本优势，有时会将

---

① 高淑琴：《探究财务共享平台下的企业财务管理》，《商场现代化》2022年第7期。

基地建在经济欠发达地区,可能由于基建水平差而导致信息传输速度较慢。当这些客观因素使网络稳定性不一时,就会存在一些安全方面的威胁,使公司数据遭受一定的风险[1]。随着财务共享中心不断升级,其能够承载的业务种类越来越多,数据总体量也在不断扩大,相比共享中心建设初期,经过一段时间的发展,公司财务管理质量能够实现明显提升,但业务系统管理难度也逐渐加大。相关人员由于对业务系统管理的专业能力储备不足,就无法保障系统的高效稳定运行。在公司财务共享中心将基础核算业务进行集中化后,原子公司财务部门需要进行工作内容的转变,在原财务部门人员没有适应新的工作性质和内容之前,不能发挥财务共享资源的优势,也无法实现财务管理能力的有效提升,导致资源浪费现象,发生此现象就与公司缺少业务系统平台有效管理手段有关。当公司的基础核算业务能够在财务共享中心进行统一处理后,公司需要配置稳定的业务系统平台,为各部门进行业务推进提供信息化技术手段。因此,业务系统需要一定的信息化和兼容性程度,才能够承载公司业务流转的实际需求。财务共享中心要将从各子单位收集来的数据信息进行整理转换从而实现财务数据共享,这就要求不同的业务系统间能够互融互通,实现兼容,否则就会发生数据无法共享的现象。一旦数据导出受限,就会影响财务报告的整体核算结果,从而可能对公司决策存在风险,影响财务共享中心的建设和升级。另外,业务系统管理方面,界面复杂和相关逻辑缺失等,也会影响业务系统的功能实现。其中报账系统、影像系统都是基于业务系统管理的重要辅助手段和组成部分,以互联网技术为手段,帮助公司实现财务管理转型。在这些技术的作用下,公司进行财务共享能够突破限制,实现效率提升。在业务系统管理过程中,共享服务中心需要有一定信息承载力,才能够有效减少系统卡顿情况的出现,避免系统

---

[1] 刘婷芝:《浅谈财务共享模式下的企业内部控制管理》,《商业文化》2022年第3期。

崩盘导致的业务单据延时现象，影响共享中心的运行，并可能面临一些数据受损和信息泄露的风险。

（三）业务系统运维漏洞为财务共享运行带来隐患

业务系统管理上存在的风险可以表现为风险的识别、衡量、管理等多个方面，公司财务共享中心建设和升级过程中可能需要对业务系统管理方面的潜在风险进行全面识别，做出周密分析和提前预防措施，并持续性对风险因素进行监控和管理[1]。在综合业务系统入驻财务共享中心以后，公司的会计业务既要完成向管理会计的转变，又要尽快适应手工核算监督的弱化，并且还要建立有关大数据技术背景下维护系统安全性、数据完整性的意识，当发现系统运维和设计方面的缺陷或者漏洞时，要及时进行反馈。随着财务共享中心的建设和升级，在业务系统管理过程中的风险呈现从显性到隐性的变化趋势，使得纠错和溯源难度更高。另外，由于共享中心的集成化功能，不仅对相关工作人员的专业能力形成考验，更是在道德层面提出更高的要求[2]。在传统手工核算阶段，同一原始凭证的双线核算模式能够有效实现监督功能，使不同的会计人员可以相互制约，从而减少舞弊现象的发生。但随着财务共享中心的建立，综合业务系统取消了手工核算的烦琐，也引发了一些风险，其中包含操作人员道德风险。虽然财务共享中心系统管理存在一些监测工具，但系统管理人员面对庞大的系统运行数据，很难发现相关的问题，再加上缺少有力监督，就容易导致不同层级会计信息的不对称现象。由于业务系统管理人员理念转换需要过程，其更适应手工账模式，还需要一定时间学习综合业务系统电子台账，并且增加关于系统业务处理的熟练度，造成了业务系统管理过程中潜在风险的增加。随着公司规模扩大，业务类型的不断增多，业务系统风险的形

---

[1] 张媛：《网络经济时代电子商务对企业管理创新的作用探析》，《商展经济》2022年第6期。

[2] 张晴、项丽群：《财务共享模式下企业财务管理转型的思考》，《会计师》2021年第11期。

式呈现多元化的发展趋势。传统公司经营模式中，业务系统风险主要是一些差错风险，其风险点存在一定的相似度，但随着共享中心的建设和升级，业务系统管理工作可能要面临更多种类的风险，其风险形式也比较多元化，不仅包含一些差错风险，也包含另一些其他种类的风险，例如，系统漏洞、故障、网络安全、制度不足等方面的一些风险要素，都会对公司运行和财务共享中心升级造成一定隐患。倘若公司缺乏对这些要素进行识别、衡量和管理的能力，就会导致这些业务系统的管理过程中蕴含的风险点作用于公司财务共享中心建设和升级工作上，影响公司业财融合的不断推进和财务共享程度的不断提升，也会对公司早日实现财务管理转型升级的战略目标造成一定阻碍。

五　流程管理风险

流程管理风险主要体现在业务流程建设缺乏一致性，标准化程度存在差异、业务操作流程缺乏规范性，标准化程度偏低以及业务流程设计与实际业务操作缺乏匹配性，系统调试环节收效不佳等方面。

（一）业务流程建设缺乏一致性，标准化程度存在差异

近年来，随着市场竞争环境的变化和行业发展趋势，公司面临越来越大的市场竞争压力。为此，必须从流程规范化角度入手，通过统一业务操作标准，以适应社会发展和行业变动的需要。为了满足现代公司制度提出的有关公司业务标准化流程的具体要求，公司需要在保障提升经济业务的前提下，不断对流程管理进行优化与升级，才能真正实现降本增效，提升公司的核心竞争力。

通常情况下，公司财务共享业务的流程需要在标准化的经营模式下进行，如果业务流程不规范，处理过程过于复杂，都将会严重影响业务的处理效率。流程管理作为实现财务共享服务的重要一环，不仅是保障财务共享服务正常运转的基础，同时，也是达成未来服务系统能否顺利发展成为智能化、自动化、标准化全方位服务流程的关键。流程管理标准化能够对各公司间因环节不相同产生的差异进行有效消除,使整个流程体系更加规范化与高效化,以此来提高整体业务流程处理的效率与质量。业务流程的标准化在处理不同公司之间存在的不一致现象问题上具有独特优势,当不同公司之间存在不一致问题时,可以参考标准化的业务流程进行业务操作,从而避免因不一致问题引起的效率低下或者流程卡壳现象。

通过建设财务共享中心,实现数据共享,并同步业务流程,才是公司顺利运行的关键所在。但大多数公司在财务共享业务建设前期,项目实施小组都会将满足子公司的需求作为业务流程设计的重点,过度强调将需求放在首位,对其余业务流程的设置缺乏一致性与规范性标准。除此之外,大多数公司旗下都存在多家分公司、子公司,需要有多个运营地点兼顾,且每个公司间的人力、技术与设备等都存在多方面的差异,这也使得分公司、子公司在实际业务处理流程中与总公司存在较大偏差,要做到及时与准确地进行业务对接也并非易事。在这种情况下,各个子公司间业务流程就出现了差异,流程进度无法同步,信息不能实时共享,导致财务共享服务中心需要不断地向各个分公司传达沟通与协商信息,烦琐的沟通流程使财务人员无法第一时间获取真实、准确的数据信息,只能通过数据信息对业务项目进行大致判断,使信息的处理效率与质量大打折扣,影响公司内部财务信息共享服务实施效果。

(二)业务操作流程缺乏规范性,标准化程度偏低

财务共享服务中心对公司内部业务操作各项流程进行梳理,其目的就在于建立规范化的流程,减少公司原有流程中不合理的部分,从而有效避免因业务流程缺乏规范性,标准化程度偏低而给公司造成的相关经营风险。按照财务共享中心的运行机制,通过流程的再造调整非增值性业务比例,主要是为了释放财务人员的核算压力,实现财务管理升级,但流程设计人员与业财部门人员是分离的,这就容易导致沟通壁垒的产生,使流程设计和再造脱离实际需求,也会使得共享中心业务流程的标准化和规范化受到影响。

在财务共享中心的运行过程中,仍有较多因素干扰共享中心达

成既定目标，也会使得公司在流程方面存在不合理现象，需要持续性升级和改进。例如，在审批环节出现的审批滞后而影响付款时效的问题，从而对整体业务造成负面影响。从公司管理的角度出发，进行财务共享建设除了要提升业务效率之外，还希望优化公司的管控质量，能够对公司实现更加全方位的管控措施，使管理层能够随时接收当前公司运行各项单据的状态，以便捕捉关于市场发展趋势和行业整体形势的信号，在商业竞争中抢占先机，因此在共享中心建设推进过程中，会出现不同程度的重管理、重控制的特点，有时对管理控制的强调还会占据比效率优化更靠前的位置。经过对公司业务流程的分析可得，关于付款业务的审批往往是公司流程最缓慢的环节，其设置缺少标准性和规范性，会为公司造成一定风险。通常公司会因缺少关于付款重要性的排序和分类，使流程不分金额大小、重要性高低统一在系统中积压，因此能接收到各种项目、各种金额的付款申请审批提醒，如果一一检查核实，就会影响效率，如果批量审批通过，就会造成审批准确性不足的问题，为公司带来潜在的财务风险。

另外，预算设置的提示也不够清晰，有一些不符合预算设置的单据被提交，相关业务单据只能按照财务中心流程参与流转，并在相关人员审核之后才被退回，脱离了业务发起阶段的相关提示设置，造成资源的浪费。并且许多公司关于业务流程操作审批权限的合理性也有待提升，没有实现管控力和效率的均衡，一些业务单据的提交存在重复审批或者层层加锁的现象，导致公司相关业务的滞后和堆积，导致公司可能需要面临资金流转难题。

（三）业务流程设计与实际业务操作缺乏匹配性，系统调试环节收效不佳

首先，公司财务共享中心的建设过程中，业务流程设计与实际业务操作缺乏匹配性会导致公司业务人员在实际流程操作时出现基础性错误或者权责模糊等现象，导致相关业务单据的积压或者卡壳，造成影响公司运行效率的风险。例如在报账时间的差异方面，

由于共享中心没有设置报账提醒，而业务部门出于业务习惯，通常没有建立起报账意识，容易对于报账时间没有概念，从而选择月末或者年末集中提交单据，造成了财务部门人员的压力，也会导致稽核质量的降低。到了月末和年末，大量业务单据涌入共享中心，使相关人员的工作量倍增。再加上结账时间的限制，使共享中心人员必须在月末和年末关账之前完成相关单据，为他们造成了相当的工作压力，并且还会导致单据处理效率低下的现象，导致相关付款的不及时。

其次，一些基础性错误的存在，使得一些单据被退回，这不仅反映了相关业务人员业务操作的不规范性，还凸显出流程设计阶段与实际业务的不匹配，从源头决定了业务流程运行阶段的不顺利，这种情况还会弱化公司财务管理的整体效果，使预算计划管理不能发挥既定作用，使调度人员工作计划紊乱。另外，由于员工理念转变不彻底，财务部门向管理会计职能转变的过程中，业务部门容易出现工作配合度不高的情况，使得流程设计阶段由于缺少有效沟通机制出现后期与业务流程不匹配的现象，导致权责不清晰，并引发关于公司战略和服务中心不能互相协调的风险，使共享中心服务质量较差，不能达到促进公司发展和管理质量优化的预期效果。

最后，在公司进行业务流程设计和初步试运营的阶段，会对少部分员工展开培训，根据员工的相关反馈进行有关功能的再次调试。但不少员工反映培训管理的相关内容并不能落实，只是围绕基础业务开展。相关人员基于对共享中心的基础业务进行介绍而向员工收集使用反馈，员工无法了解一些常见问题的解决办法，以及业务沟通层面的相关内容。并且相关培训基本采用面授的方式，形式单一、内容枯燥，使员工短时间内无法适应新系统流程，也不能找出流程设计中蕴含的可改进点，导致员工没有充分的参与积极性，也为系统正式投入使用后各项问题的产生埋下了隐患。

第二节　财务共享中心优化关键因素

财务共享中心优化关键因素主要包括内部控制、业财融合以及区块链技术等。

一　业财融合

（一）财务共享与业财融合的关系

1. 财务共享模式下业财融合的内涵

业财融合与会计实务中的业财一体化等概念类似，其中心思想即是在公司日常运营过程中，将业务活动与财务管理进行有机融合，将相关信息收集起来，建立数据库，并为此制定一体化的信息处理标准化流程，从而实现数据统一和共享，并且能够从财务端对业务活动进行合理监控。业财融合的理念起源于美国，作为一种财务管理创新思维，业财融合为优化公司财务数据的时效性，加速公司结构及流程再造指明了方向，倡导通过业务和财务的有机融合实现价值创造，具有开放性、过程性、全局性的特点。随着公司发展，规模不断扩大，会产生一些关联公司和债务，并随着一些潜在的债务纠纷风险，出现三角债等问题，对公司应收账款和成本管理造成一定压力，使公司难以维持正常的资金运营周转。另外，一些公司对预算管理重视不足，资金预算计划形式大于内容，在实际的预算执行过程中也存在许多问题，使得公司财务管理空有形式。在这种模式影响下，集团公司难以掌控子公司的资金流向和预算执行情况，导致公司资金调配混乱，财务管理质量低下，影响公司的长远发展。因此，公司进行财务管理优化是出于公司生存发展的必然要求，寻求财务共享，推进业财融合顺应时代发展和符合公司实际需求。

业财融合可以理解为业务数据和财务管理的融合，也包含了公司的业务部门和财务部门共同为公司内部决策提供相关支持。业务和财务依赖共生，彼此融合，其归属于管理会计领域。而管理会计的重心就在于通过与业务流程的嵌入和融合，对各项价值信息进行分析和管理，其中既包括财务信息，也包括一些非财务信息，帮助公司提供决策建议。通过这些信息，管理会计可以进行短期经营决策相关支持，也能针对长期投资决策展开相关分析，并能够通过信息系统将各项成本数据结合起来，编制分析报告，另外还包括一些业绩评价部分的内容。通过管理会计提供的有价值信息，公司能够获取与经营相关的各项决策建议，从而规避风险，提升运营稳定性，因此决策支持是管理会计的核心功能之一。业财融合作为管理会计范畴的重要组成部分，与管理会计价值创造、风险管控等活动相辅相成，是实现公司管控的有力工具。从本质上看，业财融合的公司管理就是管理会计范畴的流程再造活动，也是公司各项经济信息收集再加工的重要基础。通过业财融合，业务部门提供业务相关的各项数据信息，由财务部门进行复核和处理，二者融通共享，在数字化系统的帮助下，为公司提供决策支持，共同助力公司整体运行与发展。

综上所述，业财融合就是基于业务部门与财务部门的融合，以大智移云为时代背景，以现代化的信息技术手段为渠道，以为公司进行价值创造为目标，以业务、资金、信息等数据共享为重点的新型公司财务管理模式。业财融合的顺利推进需要具备业务、财务、信息技术三部分，缺一不可。其中，业务主要指的是公司的日常经营活动中可能发生的各项业务，财务指的是公司财务管理过程中关于资本运作、融资、风控等部分的内容。信息技术则指的是通过信息系统和大数据技术，对公司财务管理业务进行革新，实现公司的战略发展目标。业财融合可以应用在公司决策、公司管理和计划的多个过程，为公司战略发展目标的实现发挥着重要作用，对实现公司财务管理价值创造具有独特优势。业财融合打破了传统公司运营模式中业务部门和财务部门互相独立的状态，加快公司的整体运转效率，对公司资源配置和成本管控具有积极意义，是新时期公司发展和财务管理改革的必然趋势及方向。

财务共享模式下的业财融合是将公司的业务财务融合推进工作置于财务共享服务基础和框架之上，是财务共享与业财融合的结合。在公司日常运营过程中，涵盖许多业财融合的路径和模式，例如成本管理和投资管理等，都属于公司业财融合的范畴，但这些工作内容并没有置于财务共享服务基础和框架之上。而在财务共享模式下进行业财融合与这些业务相比则具有独特的优势，在业财融合的影响下，来自公司财务部门和业务部门的各项基础信息汇集起来，通过业财专业人员的操作进行呈现，这些信息既能够反映公司日常经营业务状态，又与公司发展战略相适应和统一。要实现财务共享模式下的业财融合，既需要财务人员具有相当的专业能力，还需要耗费一定的时间和精力，才能够将来自不同模块和不同部门的价值信息进行收集与处理，同时，对财务共享技术和数据库技术也提出了更为具体的要求。在财务共享技术的协助下，公司业财融合得以顺利推进，才能够顺利实现业财深度融合。

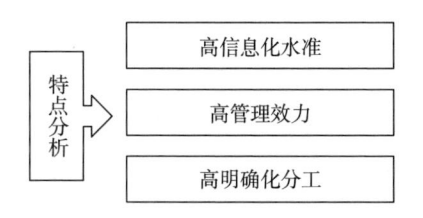

2. 财务共享模式下业财融合的特点

在财务共享模式下，公司财务处理方式升级，可以在信息化系统功能中实现财务各项流程的优化再造，提升公司财务操作的标准化和集中化水平。并且，在财务共享中心中，公司各项业务按照自动化和流程化进行，能够成功实现降本增效，还能够优化公司信息质量，强化管理效果，加快财务工作的推进。因此，财务共享模式下业财融合也立足于信息化系统，具备高信息化水准、高管理效力及高明确化分工的特点，如图 2-2 所示。

图 2-2　财务共享模式下业财融合的特点

第一，高信息化水准。财务共享模式下业财融合具有高信息化水准的特点，早在业财融合之前，财务共享中心就具有较高的信息化水平要求，其涉及公司运营发展的全过程，不受固有管理思想和模式的限制。在高信息化水平下，才能够实现各子单位有效数据信息的收集，并且再通过信息化系统的业务端口将这些有价值的信息进行整理，生成新的单据并传递至财务部门，由公司财务部门人员进行相关数据和信息的存储[1]。在这个过程中，信息化平台的建设和各子公司数据的采集都需要高信息化水准基础，因此财务共享阶段所需信息化水平比业财融合部分更加严格。在这个基础上进行业财融合，可以借助财务共享中心的信息化工具，实现集成化管理，与业务系统的结合难度也会降低。

第二，高管理效力。在财务共享中心基础上推进业财融合，能够保障信息传递的及时性，相关的财务数据一经产出可以实时呈现，加大了公司财务信息的流动性。通过高管理效力，业财融合能够帮助公司管理层实时掌握公司当前的运营状态，了解公司预期经营目标的完成情况。在公司发展过程中，业财融合可以不断进行调整，基于财务部门和业务部门的共同需求，对相关流程进行再造，推出统一的标准，高效解决公司运行过程中可能出现的各种问题。财务部门人员也可以利用流动的财务信息进行财务报告的编制，从而更加提升项目可行性报告的可信度，能够优化决策支持功能，为公司决策提供更准确的预测及建议。业财融合能够改变公司内部各部门的工作模式，提前发现对公司平稳运行秩序存在影响作用的潜在风险点，对这些风险进行及时处理，从而实现对公司的高度管控效力[2]。

第三，高明确化分工。细分岗位是财务共享中心的重要职能内容之一，也是财务共享视角下业财融合的明显特点。财务共享模式

---

[1] 冯培林：《基于财务共享模式下业财融合探究》，《技术与市场》2022年第8期。
[2] 杨朝均：《财务共享、业财融合与智能财务——云端财务共享模式的设计与实践》，《管理会计研究》2022年第4期。

下的业财融合能够实现公司财务部门工作人员岗位内容的细分，提升财务核算效率，同时解放一部分人力用于转岗，向管理职能演变，使得财务部门配置更加符合公司发展的需要。业财融合通过明确的分工实现对具体财务岗位内容的拆解，将大量基础性工作分离出来，以标准化、规范化的方式集中于财务共享中心进行，解决了公司财务报表不一、存在一定信息误差等问题，也提供了在公司财务管理过程中有效防止舞弊行为的新思路。在高明确化分工特点影响下，财务部门人员能够从传统工作模式中解放出来，深入参与公司经营战略部署工作，能带动整个公司的财务组织变革。通过财务共享中心的集成化功能，能够将子单位的独立财务小组进行集中，减少公司人力成本，精简了子单位财务组织，继而再通过财务共享中心的执行层和流程层进行人员的分工的再明确，从而实现公司增效的目的[1]。

3. 财务共享模式下推进业财融合的方法

选择人员配置模式。推进业财融合，人是关键。公司要在财务共享模式下实现业财深度融合，就必须使资源配置科学化，尤其是人员配置。公司进行经营活动的根本目的是利润，为实现利润最大化，公司会将各项优势资源进行分配，保障资源利用效率。为此需要对当前市场外部环境和公司自身情况进行分析，明确可分配的优势资源，并作出相应规划。这个过程也是进行业财融合、实现资源优化配置的过程[2]。通过资源合理配置，推动业财融合发展，并对成本预算进行追踪，从而达成公司发展目标。从业财融合的本质上看，要实现公司财务管理优化和财务管理职能的快速转变，业务部门人员和财务部门人员都需要积极参与进来，发挥各自的专业能力，为公司发展保驾护航。为此，在财务共享模式下推进业财融合首先就需要选择人员配置模式。业财融合下的人员配置模式可以从

---

[1] 欧华玉：《财务共享模式下财务人员向管理会计转型应具备的素质和策略探讨》，《企业改革与管理》2022年第14期。

[2] 杨瑞红：《财务共享模式下业财融合探索》，《今日财富》2022年第13期。

以下几个模式中选择：首先是外派模式。为实现业财融合，公司财务部门可以外派几名优秀代表深入业务部门，以财务驻点的模式开展工作。在外派模式下，财务部门人员与业务部门人员可以在日常工作中开展沟通协调，从而促进财务知识与业务流程的结合，并且能够及时收集业务信息。其次是培养模式。从业务部门中选取优秀人才进行财务相关知识的培训，培养相关人员在财务领域中的基本知识和专业技能，可以委以业务团队的财务工作，相当于在业务部门设置财务岗位，由业务人员兼任。另外还有虚拟模式，由两个部门分别选取人才组成新虚拟岗位，称为业财融合岗位，由岗位人员共同进行公司业财融合的相关工作，处理业财融合过程中可能面临的各项问题。该岗位独立于业务部门和财务部门，岗位职责也要从传统部门工作内容中脱离出来，从而保障公司业财融合的质量。

确定业财融合的运作机制。选择恰当的人员配置模式之后，推进业财融合还需要确定业财融合的运作机制。运作机制是业财融合的核心内容，事关公司业财融合的运行秩序，也影响公司业财融合的深度。为此，需要从权责划分、利益分配等多角度入手考量。在业财融合运作机制确认的过程中，要明确业财融合岗位中的权责内容，划定清晰的权责，并赋予业财融合运作机制标准化流程，向相关人员提供标准化操作示范，从而帮助相关人员了解业财融合的运行机制，加快适应公司业财融合的流程化操作。可以通过对各财务流程和业务流程的梳理，进行数据整合，并加强流程溯源力度，将业财融合的概念嵌入公司业务流程管理的各个环节，从而加强业务部门和财务部门的沟通协调。另外，要注意打通业务财务交流渠道，通过交流平台加强各部门联动，将公司财务、生产、销售和运营等部门联系起来，共同参与公司财务管理和业财融合活动，以保障业财融合的顺利开展。在业财融合运作机制中，要打造多部门沟通协调机制，将公司生产预算和投资预算与业务需求相匹配，实现利益平衡。

切入价值创造循环开展融合工作。公司在财务共享模式下推进业财融合可以找寻多个切入点，无论是信息化工具还是预算管理，都能够作为公司业财融合的切入点，但不同的切入点虽然以不同模式发挥作用，但其最终目的都是为公司创造价值，打造良性的价值创造循环。因此，推进业财融合就需要通过切入价值创造循环开展融合工作。在价值切入视角，明确公司业财融合流程的各项细节，并将业财融合和财务共享的管理理念贯穿公司流程的全过程，加快业财部门和公司领导层思想转变，推进财务管理转型工作。立足于各部门价值创造的切入点，进行业财融合措施的结合，最终打造研发、生产、销售、售后等完整业财融合链条，提升公司业财融合的完整性。

4. 财务共享模式下业财融合目标

财务共享模式下业财融合目标主要包括经营管理信息化、数据处理标准化、公司成本节约化以及财务业务一体化等，如图 2-3 所示。

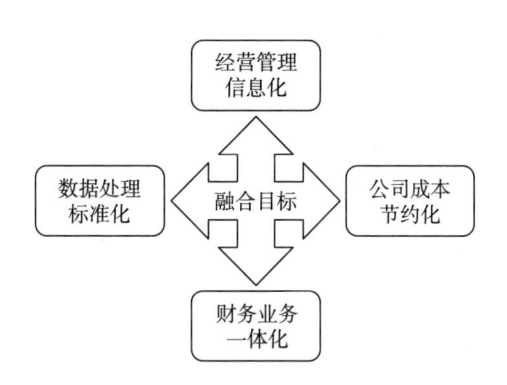

图 2-3 财务共享模式下业财融合目标

（1）经营管理信息化

在传统经营模式中，公司管理智能化程度较低，大多依靠一些纸质资料的张贴进行相关制度的传达，或者设置专人将从领导层接收的信息通过邮件、即时会话等形式向目标部门和个人进行传达和通知。缺少了智能化信息系统发挥功能，传统管理模式中相关信息的传递效率并不高，并且还容易出现信息传递偏差问题，政策执行也不到位，既难以提升效率，相关规定从推出到执行还需要耗费一定的时间，从战略制定到运营管理，都不足以实现公司价值创造和决策支持功能。

在传统公司管理模式中，相关管理措施的制定和执行效果不甚理想，与财务共享模式业财融合的目标并不相符，也无益于实现公司的价值创造目标。因此，随着信息技术的不断升级，智能化的信息系统能够克服传统管理模式中存在的各项弊端，提升公司经营管理信息化水平。通过信息化系统功能，公司战略将更加具有科学性，公司运营管理秩序趋于稳定，并且能够实现业财融合的无缝链接，针对冗杂过程进行准确精简，从而实现经营管理效率的提升。另外，维持公司正常经营管理秩序离不开对外部市场运行情况的把握，信息化系统能够为财务人员提供数据收集和分析的功能，帮助财务部门人员判断外部价值信息，并且在大数据技术的帮助下对这些信息进行加工和呈现，为公司创造决策价值。

（2）数据处理标准化

财务共享模式下要实现业财精准融合，就要以数据处理标准化为目标，减少信息不对称。作为财务共享顺利推进的重要理念基础，业财融合需要通过在标准数据的流转过程中完成数据共享，从而保障公司输出数据的准确性。同时，在标准化数据处理模式中，公司数据录入和存储的成本也能够有效降低，从而有效缓解公司的资金压力，为公司提供科学的流动资金储备，稳定资金链和资金保障，有助于实现公司的可持续发展。在财务共享模式下，各业务模块对接财务共享平台，开放共享端口，加快业务流程简洁化运行，实现公司内部业务流程信息和外部市场环境数据的统一，并有利于连接上下游数据，共同打造公司业财融通数据的完整链条。通过整合不同子单位的基础数据，在标准化数据分析的帮助下，财务人员能够迅速展开数据分析，输出财务报告，从而保障决策建议支持作用的时效性。

(3) 公司成本节约化

对于公司而言，经济利益的获取和利润率的保障既要靠新市场开拓和业务开发，也需要做好自身成本管控，减少费用冗余，因此，公司成本节约化为实现公司稳定运行起到重要作用。可以说，降本增效是当前公司参与市场竞争、实现稳定运行的核心目标。而财务共享模式能够通过优化业务流程实现降本增效的目的，具体通过流程的智能化和标准化来实现。

在公司生产运营过程中，存在对流动资金的相关要求，这时资金成本和利用率就对保障公司流动资金供给和财务稳定性具有重要意义。在财务共享基础上推进业财融合，有助于通过优化公司成本缓解资金困难，有效推动资金周转效率，提升公司资金利用率。另外，在财务共享中心，信息化系统能够根据公司实际业务需求进行调整和升级，相较于传统人力具有更加优越的处理速度和精准度，并且可以通过市场信息的收集进行发展趋势预测，从管理成本角度实现降本增效。由于信息化系统可以承载大量基础性工作，使得传统财务部门人员能够有更多精力进行财务管理工作，为公司创造价值。另外，财务共享能够优化财务管理效率，实现公司财务管理秩序的稳定运行，从而帮助公司提升生产率、优化资源配置、改善存货占比情况等，也是公司成本节约化目标的重要组成部分。

(4) 财务业务一体化

在公司运行过程中，信息、业务和管理是保障公司平稳运行的三板斧，也构成了公司发展的三大循环。其中，财务部门作为信息部分的核心，在价值链引导下，对公司实现财务业务一体化具有重要意义，其形成的财务循环是信息循环的关键环节，而财务业务一体化又是财务共享模式下业财融合的目标之一。通过财务共享模式，公司的信息、业务和管理能够紧密相连。业务循环作为价值链管理体系中的核心与基础，在财务共享影响下，财务和业务展开深度融合，既能够保障公司运行效率的稳步提升，又能够优化业务管控效力，保障公司管理秩序。另外，针对公司循环中的各项问题可以进行及时反馈，并且通过信息化系统进行数据的收集与存储，最终以决策报告的方式呈现，对公司管理循环起到关键的决策支持作用。从财务业务一体化目标看，财务共享模式能够保障信息采集处理的高效进行，为公司各项业务提供支持作用，并能够对业务循环进行合理把控，使其符合公司管理循环的要求，为管理循环提供有价值的决策建议，从而实现公司的长远发展。

5. 财务共享与业财融合的关系

（1）财务共享推动了业财融合实现

进入信息化时代，信息总量急剧增长，公司要想捕捉市场发展动态和行业趋势、竞争对手等关键信息，就必须打造信息处理系统，提升所能获取信息的时效性和准确性，对通过大数据技术收集到的价值信息进行及时处理和分析，从而为公司市场战略和决策提供价值支持。而财务共享为公司信息处理模式的升级提供了新的思路，为公司打造信息处理体系创造了契机。在财务共享中心建设过程中，一些先进的科学技术手段用于公司的财务管理工作中，并且将传统财务核算管理环节中大量基础工作进行集中处理，采用标准化流程的模式由专人操作，实现了财务流程的再造，也有益于达成公司自动化操作流程的发展目标。基于财务共享的视角，要将公司财会编码、运行机制和财务工作进行规范，并加快集成数据体系的构建，为财务核算创造便利，使财务部门能够改变传统工作模式，快捷高效的展开工作。在这个基础上，财务人员能够从繁重的核算业务中脱离出来，向管理职能转变，此时将有更多时间和精力与业务部门进行沟通协作，并加快关于新领域的业务知识学习和专业技能成长，从而加快公司的业财融合进度。在财务共享服务中心内，公司业务流程将以规范化的形式进行，实现业务系统和财务系统的互通与融合，打通各信息系统之间的端口，为业财融合提供平台，也引导着业务部门与财务部门工作方式的升级。通过传统财务部门工作模式的转变，在财务共享影响下，能够构建更高效的财务管理模型，服务于业务决策。财务共享中心对业财融合的推动作用主要体现在提前预警、沟通合作与协调、流程优化和成本管理等方面。通过财务共享的推动作用，业务部门和财务部门进行协同，对当前公司业务流程进行梳理，并深挖流程细节，解决业财部门在公司运营过程中遇到的流程阻碍，立足于业财融合和财务管理的实际需求，加快流程再造，从而有效实现公司业务流程的标准化操作。

（2）业财融合是财务共享成功的关键

财务共享是公司财务管理发展的必然趋势，财务共享中心的建立帮助公司更高效地进行财务管理工作，优化公司财务数据质量，提升财务决策及预算精准度，帮助公司打造核心竞争力。而公司财务共享质量能否获得保障关键就要看业务财务是否能实现有机融合，尤其是公司管理效率和质量方面，是否达成科学化管理，将公司相关管理制度渗透到财务业务流程的每个具体细节。业财融合作为财务管理的创新理念，为财务共享模式的顺利推行提供了坚固的理论根基。业财融合理念提出了公司运行管理优化过程中对业务财务进行有机融合的模式，为公司财务管理升级指明了方向。公司进行业财融合从根本上讲是为提升效率，为公司创造价值，而财务共享中心的构建则是优化公司盈利能力，通过规范业务流程实现降本增效，二者有共同的出发点，是公司实现财务转型的利器。在业财融合的推动作用下，公司财务部门和业务部门展开有效沟通，加快数据传输的速度，并且开通数据共享渠道，为公司创造全新的价值维度，从事前、事中和事后分别进行业务状态的监控与管理。如果公司业财融合的程度不足，那么财务共享服务中心发挥作用就无从谈起。业财融合为财务共享提供关键层面的支持，帮助公司加快进行业务信息体系和财务系统的融合，使公司管理实现透明化，是公司财务共享能够顺利运行的关键所在。

（二）财务共享模式下业财融合的必要性

财务共享模式下业财融合的必要性主要体现在有益于提升公司的经济效益、有助于实现公司战略目标以及有效防范公司风险等方面，如图 2-4 所示。

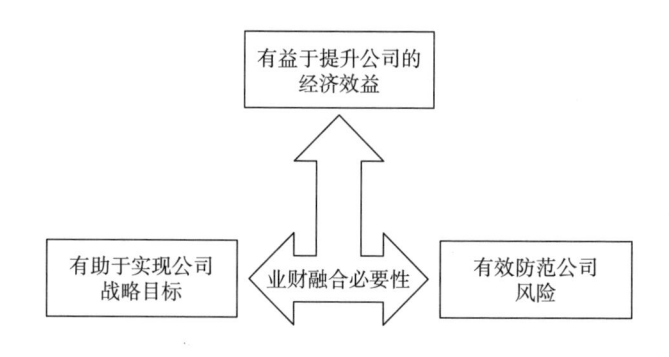

图 2-4　财务共享模式下业财融合的必要性

1. 有益于提升公司的经济效益

财务共享模式下业财融合首先有益于打破业务部门和财务部门相互独立的传统格局，改善当前业务部门和财务部门之间支持不足的局面，优化公司信息支持，从而实现公司经济效益的提升。公司作为经营个体，其一切活动的最终目的和原则都是获取利益，使公司实现可持续性发展，而在财务共享模式下进行业财融合首先就能够实现公司对经济利益的实际需求，帮助公司实现利益的增加。在业财融合等相关理念出现之前，传统公司运作模式中，业务部门和财务部门独立运行、各自开展工作。由于市场环境相对简单，对业财融合的需求也较低，加上公司自身缺乏对业财融合发展和必要性的正确认识，导致传统公司运作模式中业财融合的必要性并不明显。但随着现代公司制度的崛起和市场环境的变化，业财融合的必要性逐渐凸显出来，在公司运作过程中由于缺少财务部门的信息，出现业务部门信息支持程度较低的局面，从采购、生产、销售等各个环节都与财务系统存在不同程度的脱节现象，这种现象既不利于公司业务活动的顺利开展，也增加了公司财务目标的完成难度，阻碍了公司经济效益的获取，也不利于公司的长远发展。现代公司制度对公司财务支持形成了一定考验，而财务共享模式下业财融合则可以打破当前公司业财部门信息脱节和支持不足的局面，帮助业务部门优化信息支持，为公司资源分配提供依据，为公司各项业务活动的顺利开展奠定基础。另外，基于公司内财务部门与业务部门的深入沟通，明确双方需求，将财务相关的债务、市场等信息融合到业务链条中，既能够使得业务部门强化风险意识，又能够使得财务部门及时获得来自业务部门提供的相关价值信息，有助于提升部门间信息的对称性，加快实现公司财务目标，创造公司价值。在业财融合模式下，公司的各项资源能够实现优化配置，基于财务管理的控制作用影响，公司资源的规划与分配也将更具有科学性。由此可见业财融合对于公司财务管理顺利发挥控制作用、实现公司优势资源配置具有重要意义。

财务共享模式下公司业财融合的必要性还体现在对公司效益的优化方面，其中既包括公司运行相关价值信息及时性和准确性的保障方面，又包括公司财务风险的有效管控方面。作为实现公司价值创造的必要手段，业财融合能够帮助公司提升效应，通过优化相关信息的及时性，实现价值创造。随着公司财务部门和业务部门展开深度融合，在公司生产经营过程中所处的外部市场环境不断变化，随着各要素和产耗比的数值变动，公司内部需要快速对这些信息做出反应，这就对业务部门和财务部门之间的信息传输质量及速度提出要求。当捕捉到市场环境变动信号时，业财融合能够帮助公司对新局势和新变化进行迅速调整，从而适应行业发展，将各项资源实现优化配置，从而在激烈的市场竞争中赢得一席之地，以稳定的财务控制及分析质量优化公司利润及报酬等数据，实现公司整体效益的提升。除此之外，财务风险管控也是实现公司效应提升的重要部分，在公司扩张的过程中，经营风险随之增加，而财务部门承担着风险管控的重要职责，风险管控质量又与公司生存发展息息相关，因此，在财务共享模式下，公司开展业财融合能够实现风险管控有效性的增加，有助于帮助公司管理层获取有关当前公司经营控制和组织管理的价值信息，发掘公司资金流向和业务流程中可能存在的各项隐患，从而实现风险管控质量的提升。

在传统财务部门工作中，核算业务是核心业务之一，财务部门人员需要检查各项账务数据，保障数据完整性和准确性。但随着财务部门岗位职责的转变，更加关注财务管理业务和决策咨询功能，因此，当前公司财务部门需要将工作侧重点转向财务信息的收集、处理和总结方面，在各部门提供的有价值信息的基础上，完成对公司领导层的决策建议，通过优化公司决策实现经济效益的提升。具体可以从以下两部分内容来概括。一是财务部门人员通过财务信息的收集，保障财务信息质量来提升信息的利用率。二是当公司面临待决策事项时，针对经营活动实际数据，财务部门需要对会计信息进行呈报，从而起到决策支持作用。可以说公司决策有效性很大程度依靠业财融合程度，只有公司实现高度业财融合才能够保障财务部门获取有关公司经营活动的各项基础数据，结合市场运行实际环境给出相应的决策建议。

2. 有效防范公司风险

财务共享模式下进行业财融合能够有效帮助公司防范风险，实现平稳运行。业财融合提出之前，公司财务管理以分散式管理为特点，各子单位财务小组只处理本单位之内的业务，相互独立。在这样的模式影响下，各子单位的管理层负责对本单位的财务业务进行相关决策。由于各子单位的运营模式不同，整个集团的风险应对能力难以提升。业财融合之后，与以往的分散式管理模式不同，财务共享中心的建成要求相关业务集中化进行，这时各子单位的财务小组需要进行相应缩减和调整。在业务整合的过程中，财务资源能够重新回归集团进行处理，与财务核算、ERP 和 OA 系统紧密结合。新的模式不仅能够提升各子单位财务数据信息的真实性，还可以对数据进行标准化处理，实现风险要素的源头追溯，从而优化集团的整体风险管控能力。在业务集合完成之后，通过财务共享中心进行财务相关业务的集中处理，能够带动财务共享数据进行实时传输，及时对价值信息进行汇总和分析，便于管理层实时接收关于业务运行的最新状态。由于业务数据时效性的增强，集团能够更早得知一些潜在层面的风险，进行提前布局，因此能够提升风险防范的能力，也能够实现时间成本的节约。此外，集团通过财务共享中心加强对业务活动和财务活动的管控，深入公司日常经营活动的细节，能够针对性发掘更多风险点，并以此设置不同等级的风险预警信号，为抵御内外部经营风险打造更加牢固的防火墙。

财务共享模式下进行业财融合还有利于规避业财融合潜在风险，通过业财融合渠道优化公司风险防控能力。业财融合作为一种运营模式，也需要面临许多风险，例如，关键业务数据被篡改的风险，或者单据丢失等。随着公司逐渐成长，从生产到销售再到售后，每个环节都面临着越来越多的风险，涉及市场政策、公司供应商关系维护等多个领域，需要在公司业务的整个流程采用合理措施保障风险管控质量。另外，一些公司在进行业财融合的过程中由于缺少经验，也可能出现管理秩序紊乱等现象。在这样的局面下，公司抵御外部风险的能力则会大大降低，因此财务共享模式下进行业财融合具有其必要性。在财务共享框架影响下，公司能够应用信息技术系统打造业财融合的渠道，并在管理端实时关注业务动态，随时掌握各项目成本和效率情况，这样的运作模式能够帮助财务部门随时了解业务流程动态，对流程预期做出准确判断，为公司业务执行发挥支持作用。不同于单纯的业财融合模式，财务共享能够尽量规避主观因素对业财融合产生的消极作用，在财务共享框架下搭建的融合平台能够帮助公司加强风险预警系统准确度，及时对潜在风险进行识别。另外，财务共享模式下，业财融合从公司组织框架角度出发，以集中型、标准化操作突破传统财务管理思想，采用基于大数据的财务管理措施进行业务操作，能够着眼全局进行战略预判，帮助公司规避风险。

财务共享模式下进行业财融合能够有效帮助公司优化经营风险规避能力，尤其是随着公司扩张产生的新市场风险。随着市场环境日益复杂，公司在新的经营发展时期能够获得的资源更加具有限制性，以综合管理为抓手，规避资源获取过程中可能存在的各项风险。如果公司业务部门与财务部门的交互出现脱节，就会导致出现决策失误现象。在公司落实业财融合的过程中，通过财务共享中心借助大数据技术，实现对公司内业务流程的严格监管，从源头进行风险控制，帮助公司及时扶正发展方向，加强风险防控能力。公司推进业财融合，打造深度财务共享模式，对公司发展具有重要意义，为业财相关业务的开展创造高效便捷的体验，同时能够帮助公司优化风险防控能力，尤其是应对国家政策变化和市场变动方面，业财融合为公司进行原材料采购、产品销售等多个环节的过程中实现风险要素探查提供可能。在业财融合的基础上，公司各项经营业务能够保持稳定状态，及时从财务共享中心获取有关市场和客户方的数据信息，并借助大数据技术展开市场调研，及时发现新增违约风险。财务共享模式为公司提供了监控前置的便利，能够帮助公司通过优化内部管理，提升对经营风险的防范预警质量，实现风险的源头把控。

3. 有助于实现公司战略目标

伴随着经济发展的步伐，市场竞争也日益激烈。公司要在激烈的市场竞争中谋得一席之地，就必须打造核心竞争力，保持经济利益稳定增长。为此，许多公司会设置战略发展目标和公司建设愿景。为实现公司战略目标，需要从制度层面入手，对公司业务进行有序管理，实现公司稳定发展。业财融合能够帮助公司加深对业务流程的管控度，增强公司内部部门之间的交互与沟通，保障各部门能够正常发挥作用，为公司创造实际价值，实现"1+1>2"的效果。在财务共享下进行业财融合，通过财务共享中心对具体业务项目进行分析，并出具项目分析报告，公司可以随时获取业务发展最新动态，接受有关大数据分析的公司决策建议，做出战略方向调整决策。另外，在业财融合背景下，公司和员工能够为共同利益而奋斗，能够有效激发员工工作积极性，实现公司和员工的双赢，达成公司与员工之间的战略协同状态。员工在工作过程中，也可以完成自我价值的实现和升华，不但能够获取经济报酬，又能够培养关于业财融合的意识，实现专业能力的有效提升。并且，业财融合对加强各部门联系，发掘隐藏价值具有积极意义，能够调动部门沟通协作的积极性，改变以往各自为战的局面，提升工作有效性。

通过优化业财融合效率、加强部门间互通实现公司战略目标。业财融合并非只涵盖业务活动与财务活动连接互通的浅层含义，而是有机深度融合，将财务部门嵌入业务板块，打造互通渠道，在业务活动的各个流程发挥财务管理的作用，从而带来公司整体管理效率的优化。业财融合能够对公司业务发展发挥支持作用，通过利用信息化财务管理工具对公司业务数据展开分析，深入了解公司在审计、控制、成本预算等方面的状态，有助于优化公司财务管理的针对性，加强财务共享程度，发挥财务管理的预判性和分析功能，发掘业务流程蕴含的潜在问题，对整体业务流程进行更加稳定的把控，从而有益于实现公司的战略目标和发展愿景。另外，财务部门在维持基础核算秩序外，还应加快财务核算向财务管理职能的转变，通过业务联动提供市场关键信息，整合财务数据，实现财务共享。在传统公司运行模式中，财务管理基本是自上而下运行的，而业务板块和财务板块缺少互动，使得管理反馈难以传递。为此，在财务共享模式下进行业财融合具有其必要性，主要表现在通过优化业财融合效率实现公司战略目标，以推进业财融合为契机引导业务板块进行相关数据的自主反馈，并在财务共享平台上进行业务数据的管理，收集关于市场发展动向、利润分析和风险管控等关键信息，帮助业务部门及时调整决策发展方向，以此保障公司运行效率的整体优化，实现公司战略目标。

在新的时代背景下，公司要实现长远发展，就要打造公司战略协同发展模式，从方法到途径，从管理到体制，进行可持续发展变革。财务共享模式下推进业财融合，能够满足公司战略目标的需求，帮助公司定位自身竞争力，并且加快公司业财部门工作人员理念转变。公司加快战略目标实现步伐的过程，就是公司进行制度优化、管理质量提升的过程。基于财务共享模式的视角，推进公司业财融合，并且加快进行制度及流程再造，能够帮助公司及时了解子单位业务状态，从财务管理的视角对业务发展提供指导，并且指明业务发展和市场开拓的方向，有助于各项业务的顺利运行。大数据时代的到来为人们提供了海量的数据资源，通过对其中有价值信息的挖掘，可以更好地把握市场发展趋势，对公司市场开拓方向和产业建设项目提供决策建议，实现公司科学发展。业财融合为公司财务数据的整合和价值信息的挖掘提供了渠道，帮助公司提升数据利用率，有效挖掘数据价值，共同助力于公司战略发展目标的实现。

二　内部控制

（一）财务共享模式促进内控制度统一

对于公司来说，依托信息技术进行财务管理，不仅仅是工作效率的提升，更是审批流程的精简和资源利用的最大化。只有在内部控制管理制度有一定的组织架构的基础上，才能通过信息技术的运用，整合原先的财务体系，进一步提升制度执行的规范程度，从而帮助公司建设完整严密科学的内部控制制度，使得公司的内控制度得到进一步加强，公司更加有凝聚力[1]。因此，在财务流程全面梳理的基础上，财务共享模式通过集中化的处理，帮助公司和集团更好地实现控制目标，通过对于资产安全，财务报告等制度的建设，促进公司的内部监督，开发新的信息模块，帮助公司提升工作效率。内部控制是由于公司在发展过程中，通过为了减少财务管理和财务未来发展风险而实施的相关战略，无论是安全制度的建设还是财务制度的打造，都包括在内部控制当中，而正是由于财务共享模式的建立，以财务保障和安全为出发点，落实公司财务措施，进一步保障公司发展安全，规避风险。同时，在财务共享模式运用之

---

[1]　郭宇宇：《财务共享模式下企业成本控制策略研究》，《老字号品牌营销》2022年第18期。

后，由于共享模式的控制力和统一性加强，内部控制制度也会更加完善和科学①。

(二) 促进审批流程规范

财务共享模式帮助公司促进审批流程的规范，在信息时代，公司的审批流程已经从原先的线下审批转变为依托信息技术的线上审批，因此，在线上审批的过程中，如果出现不公正不科学没有公开信息的情况，则会为公司的信用程度造成影响。在线上流程审批的过程中，只有保证流程规范才能够使得公司的业务得到合理的发展，信息的处理和工作的审批得到良好的落实，财务共享模式通过对于制度的整合和财务管理，财务审批流程的细分，帮助公司更好地分配工作内容，使得员工能够各司其职，精简审批流程，提高审批效率，使得公司的审批规范更加高效，不仅仅通过业务的细分，针对个性化的服务和高端客户的定制，帮助消费者能够对公司产生信任，打造良好的品牌形象，更进一步地促进员工工作效率的提升②，在现代，一些公司在财务共享模式下引进了发票自动识别系统，抬头税号自动填写系统等，不仅仅减少了审批工作的繁杂，同时也帮助审批流程更加精简，减少审批错误，更快地核对审批信息，解决了人工审批的难题和线上审批的不安全性③。除此之外，财务共享模式还可以通过信息的云存储帮助审批流程规范化，使得员工不存在账号交叉登录等问题，不会出现信息混乱或核对有误的情况，进一步地促进公司审批制度的完善④。

(三) 促进了资金收支规范

在财务共享模式的基础上，公司的资金收支规范也有明确的制

---

① 陈云凤：《财务共享模式下集团企业全面预算管理分析》，《中国总会计师》2022年第7期。
② 孙雪萍：《财务共享模式下企业内部控制问题研究》，《现代商业》2022年第23期。
③ 孟祥雷：《财务共享模式下企业内部控制研究》，《投资与创业》2022年第14期。
④ 王贺：《财务共享模式下信息传递内部控制框架研究》，《商业会计》2022年第14期。

度和规章要求，由于在财务共享模式当中，资金账户和银行流水等通过线上的方式存储在公司的交易系统数据库中，因此在财务共享模式的帮助下，各个成员单位组织在资金对接和账户流水当中，能够实现更高的效率，通过无现金的管理，帮助公司资金得到合理的数据收集和支出，在提升资金利用效率和资金筹备资金运转效率的同时，防范了资金在线下流转过程中可能出现的支付风险问题，从而进一步地保障了公司的资金安全[1]。在内部控制制度和审批流程的基础上，资金收支规范也更加深入，公司员工和管理层的日常工作当中，通过增加审批层级，减少审批流程，帮助资金收支建立良好规范，使得公司在资金流转和支付正确率上得到很好的提升。以往公司在财务审批方面不仅仅需要通过各分支机构和部门进行处理，还需要一层层上报，这就阻碍了业务处理和资金支出的效率，因此，在财务管理模式下，各部门能够协同高效的不出现管理职能混淆等问题，自动的线上处理业务审批和资金审批，减少了公司资金支付和核算方面需要的时间和流程，降低了公司的资金管理成本和风险，用更精确的数据对公司整体资金流水进行管理，提升资金管理效率[2]。

（四）预算控制力度得到增强

在资金得到保障的同时，预算控制力度也得到了大大的增强，在财务共享模块的具体运作和实现情况下，公司的资金能够自动地保障公司预算，通过公司资金流水余额的具体计算，帮助系统能够自动拦截超出公司预算的大额资金[3]，避免公司出现流水阻碍等情况规避审批上出现的错误和可能遇到的风险，减少员工工作量，在业务部门相互管理监督的基础上，帮助公司在预算控制力上得到集

---

[1] 邓小芳：《财务共享模式下集团全面预算管理创新探究》，《中国中小企业》2022年第7期。
[2] 胡颖蝶：《企业财务共享模式下的内部控制探究》，《财经界》2022年第19期。
[3] 冯霞：《财务共享模式下企业的内部控制问题与优化分析》，《现代商贸工业》2022年第17期。

中的加强，从而能够根据资金现状帮助公司安排各部门的年度计划。这也帮助公司能够促进自身业务和财务的一体化融合，通过对冗长环节的去除，关键环节的重视，帮助公司在经营管理当中通过流程最大化，实现利益最大化。在线上审批的基础上，通过系统线上的控制以及人工的审批，帮助财务人员能够更好地了解公司目前发展现状，从而掌握公司整体预算情况，用全局的思维帮助公司实现资金的利用最大化[1]，同时，通过公司对于目前经营状况的分析和整个资金流水的预算分析，通过财务数据和资金数据，分析预算偏离程度，通过对于公司目前发展情况的精确深入调研，加强部门之间深入沟通，缩短公司财务预算资金处理时间，帮助公司能够在公司大方向的战略制定上投入更多的时间，在资源管理控制上得到合理的提升[2]。

（五）促进业务部门规范工作程序

财务共享模式的建设，使得公司在财务业务部门方面有着严格的工作程序和明确的制度流程，通过线上信息技术的运用，无论是收付款的系统程序，还是业务部门的合同签订流程[3]，都有着严格的规范性，只有通过履行相关规范，才能够实施相关财务方面的措施，保障公司在财务方面的安全性。在流程规范的基础上，由于信息体系的建立，公司信息化水平和财务共享程度不断加强，通过智能化的软件帮助公司的命令和措施更快更好地下达，大大提升了财务管理方面以及业务部门规范更改层面上的效率，通过信息的集中处理和业务的集中保障审批，帮助公司战略管控目标不断实现，降低了内部的控制成本[4]。

---

[1] 王任兰、区文华：《企业财务共享模式下费用报销管理的研究》，《商场现代化》2022年第13期。

[2] 唐健：《企业财务共享模式下会计控制优化策略研究》，《技术与市场》2022年第7期。

[3] 张梦妤、顾全根：《财务共享模式下企业内部控制存在的问题及优化措施》，《中小企业管理与科技》2022年第12期。

[4] 秦志宏：《财务共享模式下内部控制问题研究》，《商业观察》2022年第15期。

三　区块链技术

（一）分布式账本

分布式账本原理是区块链技术中财务共享理念的主要技术手段。从概念出发，分布式账本原理就是通过信息技术帮助成员可以利用网络分享，共享复制数据，同时将这些数据统计成数据库。在信息时代下，分布式账本原理，基于物联网手段，可以不用中心机构对于数据进行进一步的处理，存储或是更新记录，只需要建立数据库，就可以帮助成员浏览到相关数据，同时能够依据实际情况及时更新数据。在技术上，正是由于分布式账本原理不需要中心机构重复操作，因此我们将分布式账本原理称为去中心化的新时代技术，但是除去数据的存储和更新以外，分布式账本原理与区块链也有着不同之处，就是分布式账本不仅仅允许一个数据库对于网络架构以及全员共享建立中心，同时允许多个实体建立，因此通过多个数据库的保护，帮助数据能够共享在每一个成员当中，在一定情况下，这是非完全去中心化的现象。尽管在一定的情况下，分布式账本不能被称为完全去中心化，但是我们仍然可以将分布式账本当作特殊的区块链。当然，为了保障数据的安全和更新流通，分布式账本也同时制定了相关数据更新的规则，也就是数据库成员只能浏览数据，而不可以更改数据，如果需要对于数据进行人为的更新，则需要通过数据库本身设定的相关规则，制度的认可才可以更改数据，这就使得无论是交易记录还是数据流通，都通过分布式账本的方式连接到一起，帮助浏览者能够通过时间或事件的节点更好地完整地浏览所有的区块链数据。同时保障数据的安全性和可自我更新，这样多节点的方式帮助数据形成完整的事件记录和交易过程，帮助网络成员更好地同步数据库①。

（二）可信交互技术

基于财务共享服务维度，无论是协调共享机制还是分布式账本，

---

① 张茜、张进龙：《财务共享模式下智慧核算模块的研究》，《老字号品牌营销》2022年第16期。

都帮助财务共享效率大大提升,而对于每一个分布式节点来说,由于每一个节点都可以成为财务交易运作的中心,因此信息的备份,储存以及更新不会受到单一节点的损坏而破坏,因此,在整体信息上采取了可交互技术保护信息整体的完整度,不易受到单一因素的影响,更好地保障财务信息数据的安全。正是由于区块链应用技术下财务交易模式采取的可信交互技术,才使得交易过程的安全度得到了大大提升,无论是交易者还是被交易者,都能够依据可信交互技术的保障,签订相关承诺,从而达成交易的共识,推进交易进度,不仅仅减少了在公司交易过程中可能出现的问题,也同时帮助信息在共享过程中能够及时地更新备份,以避免公司在交易过程中出现利用旧版数据或交易内容没有及时更新等粗糙问题,因此,在具体交易过程中,利用可信交互技术,无论是节点信息的安全性,还是整体区块链技术的保障,交易双方都不需要对于单独的交易节点信息进行更深一步的验证、检查和考量,可以直接利用可信交互技术搭建相关的交易信任,帮助财务交易减少了人工审核可能出现的相关问题和恶意篡改等情况,在节约人工审核成本的基础上,帮助公司价值和资源利用最大化,减少人工成本和员工工作量,减少公司运转轴轨道流程,提升公司运转效率,符合现代化技术下公司财务交易追求的高效高质的要求[①]。

(三) 智能合约

智能合约技术即交易不需要第三方的监督和支持,可以直接通过信息技术来完成,信用度高,可追查度高,不可逆转性强的交易。在智能合约中,无论是交易的信用额度还是交易内容,以及交易后的用途都可以查看,包括所有的信息,同时,在智能合约完成之后,只要满足类似于本次交易满足的所有条件,数据则会根据技术和制度规定直接自行交易,不可逆转性是智能合约的主要特点,

---

① 郝文英:《财务共享模式下集团公司信息化建设问题研究》,《商讯》2022年第18期。

方便交易人在交易后查看交易的结果。因此，在技术的支持下，智能合约原理的最大优势为完全排除了外界主观人为干扰的因素，这也和区块链的去中心化的特点类似，因此，在区块链财务共享中，智能合约原理运用广泛。在智能合约履行前，区块链下属各个机构以及参与本次合约的所有协议方都需要签订满足交易的协议，如果有一方没有达成相关承诺，则交易不可进行。在合约交易进行中，不采用文字对接的方式，而通过数字编码的形式帮助智能合约在运行过程中自我代码的运行，从而依托代码帮助交易人完成整个交易，在履行交易条约承诺交易条款的同时，写进对应的区块链数据库。在之后的交易过程中，如果发生相关真实交易合约条款，会自动生成代码，为交易人提前预览，参考交易条件，从而推动交易效率的提高以及交易价值资源的利用最大化[1]。如果交易过程中，由于资产属于区块链上的资产，则不需要交易人条约的签订即可自我完成整个交易的推动和结算，如果交易资产属于区块链下的资产，则区块链会运用清算账本的数据更新的方式帮助交易完成。因此，在整个智能合约的过程中，交易有着自我更新和高度自治性，也不需要硬件的保障，大大减少了人工成本以及区块链运行的难度，减少了区块链交易推进的障碍。

（四）协调共享机制

在财务共享领域当中，由于依托区块链技术，因此各个财务的数据信息以及相关交易过程记录都是通过技术的加密和代码的推进，保证在同一时间点推送给相关财务信息负责人，在正常财务共享领域当中，财务信息需要负责人通过核算与整合，将数据整理的准确科学，同时及时更新，而运用区块链技术下的财务共享模式中的协调共享机制，则可以很好地帮助业务流程速度效率阻碍财务信息系统更新的问题，在协调共享机制当中，无论是不同业务的整

---

[1] 夏虹、蔡文磊：《财务共享模式在信息化时代应用的研究》，《中国管理信息化》2022年第11期。

合，还是不同职能的分配，抑或不同部门的协作，都可以利用协调共享机制良好地分配所有资源，从而推动财务整体效率[①]，当然，除了简单地解决劳动分工理论障碍以外，协调共享机制的每一个区块链节点都可以在突发情况或应急情况下成为信息共享机制的中心，这就保证每一个节点都可以根据机制运行保障信息库的及时更新以及财务信息的同步进行，这样的情况就使得公司在财务交易过程中不会因为软件的因素而导致交易失效或延迟，很好地缩减了公司财务交易的板块，大大地提高了在区块链技术应用基础上公司财务交易的效率，从而促进整体交易数量的提升。除了效率提升以外，协调共享机制同时也保障了公司财务交易的公开透明，由于每一个节点的交易过程都会被数据库记录，并且及时更新，因此财务交易信息能够通过服务器的查看，更好地展现在所有交易人的面前，提高交易的可信任程度，避免了信息被篡改，交易内容受到恶意破坏等现象问题，保障了公司在财务交易方面的安全[②]。

（五）创新计量模式

在财务共享理念运用下，区块链技术同时创新了计量模式的运作方式，在费用报销、票据管理以及收入账管理上进行了具体的业务创新。由于在过去的公司当中，会计信息的处理属于业务整体运作的托底环节，无论是纸质单据的收集，还是线上数据的统计，导致了财务交易信息不能够及时地流通到交易人的手中，而通过区块链技术下新计量模式的产生，可以通过不同区间数据的存储，帮助各大公司及时了解到财务相关信息。通过业务整体发展流程的追溯和整合，交易信息和数据的浏览，更好地帮助公司了解到相关交易的具体信息，从根本上减少了会计信息出现问题的可能性，大大提高了财务信息数据的质量，也同时保证了财务管理方面公司的员工

[①] 刘韦彤：《区块链技术对会计信息系统的优化设计研究》，博士学位论文，贵州财经大学，2022年。

[②] 张海艳：《财务共享模式下企业财务数字化转型策略分析》，《全国流通经济》2022年第15期。

效率[①]。新的计量模式帮助公司能够因时因需因地了解财务交易的对象和全部信息,在信用信息和资金流水方面情况核实之后,可以在交易前对于节点信息进行更改,从而阻止交易,使公司在交易过程中占据一定的主体地位,保障公司自身利益,减少交易成本。通过数据层、网络层以及具体交易的应用层,保障新计量模式的全面落实,通过节点信息的审核,保障数据的真实性,从而通过备份信息更好地了解交易现状,减少交易时间,最终通过计量方式促进财务共享服务模式的全面推进和具体落实,减少记账工作和资金审核的错误率,优化相关流程。

---

① 罗玥:《大数据时代中小企业构建财务共享模式思考》,《科技和产业》2022年第5期。

第三章 财务共享有效运行的前提：业财融合

财务共享视角下深化业财融合具有一定的优势，如流程标准化有助于打破业财融合数据壁垒、运营数字化有助于经营管理全过程业财融合以及共享常态化有助于推动财务管理转型升级等，同时也存在一些尚未解决的问题如部分业务流程不合理、业财融合互通渠道较少融合广度与深度有待提升以及缺少面向业财融合的智能化管理信息系统、预算管理过程业财融合不充分、参与人员意识不足、参与能力不强等问题。要实现财务共享有效运行，还需要从构建共享平台物资采购业务全链条管理、建立共享平台跨专业全面预算价值管理、创建多业务领域大数据交互运算分析的共享平台财务全要素风险管控模块、搭建人力资源支持平台、优化相关业务流程构建业财融合信息系统以及基于大数据分析等。

第一节 财务共享视角下深化业财融合的优势

财务共享视角下深化业财融合具有一定的优势，如流程标准化有助于打破业财融合数据壁垒、运营数字化有助于经营管理全过程业财融合以及共享常态化有助于推动财务管理转型升级等，如图3-1所示。

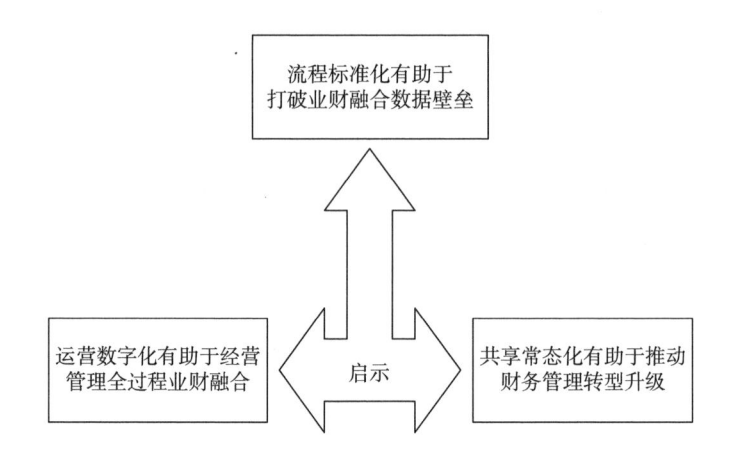

图 3-1　财务共享视角下深化业财融合的优势

一　流程标准化有助于打破业财融合数据壁垒

流程标准化有助于打破业财融合数据壁垒主要体现在财务共享服务体系对公司流程的再造具有优化作用、通过流程再造打破业财融合数据壁垒以及为财务效率提升和管理成本优化创造条件等方面。

（一）财务共享服务体系对公司流程的再造具有优化作用

财务共享服务视角下深化业财融合，实现操作流程标准化，有助于打破业财融合数据壁垒，以财务管理的角度推进业务管理质量的提升，加速业财融合的实现。财务共享服务体系对公司流程的再造对财务流程和业务流程都具有优化作用，在公司进行财务管理升级改造前，对 ERP 系统中的财务数据进行分类和清理，能够实现系统减负。对费用报销和合同管理流程的优化，有效帮助公司规避经营风险。前端业务数据的输入和业财系统融合，既保障了财务数据的准确性，又为后端财务系统共享提供了保障，为实现流程规范化创造了条件。财务共享平台能够将相关财务管理业务的发起和审批以自动化、智能化的方式进行，规范业务流程，实现标准化处理。针对提交到财务共享中心的各项表单和数据，共享中心能够在大数据技术的协助下进行分类标识，并能够在统一会计核算标准下进行业务流程标准化处理①。在财务共享服务的作用下，财务部门可以完整及时准确地反映公司经营活动状态，为公司决策提供建议。基于统一管理的思想，财务共享中心能够以便捷高效的运作模式和集成化的运作理念进行公司的财务管理工作，突破传统公司运营模式中核算标准难统一的弊端，引领建立统一的统计口径和报告等新工作模式，有效打破业财融合数据壁垒，加深公司业财一体化建设。

（二）通过流程再造打破业财融合数据壁垒

标准化的流程是公司经营秩序稳定的必然要求，是实现规范化管理体系建设的先决条件。财务共享服务视角下深化业财融合的优势在于通过标准化流程的再造，实现公司组织和业务流程的规范建设，有助于打破业财融合数据壁垒，保障财务共享平台的各项功能能够顺利运行。业财融合与简单分工理论并不等同，是对传统分工理论的补充和升级，而财务共享的实现为业财融合推进提供了实现路径，为财务管理工作实现附加值增加和转型指明了方向。在财务共享中心模式下，相关业务流程的审批都按照公司需求提前预设，其流程设计符合公司运营实际，也避免了相关人员对审批流程和路线的随意修改。使营收数据和账目以规范化的形式得以呈现，相关采购和销售的费用支出以及营业成本等都能够简洁明晰地从业务前端向末端自动传送，并通过一致的数据口径加以表现。另外，通过对业财部门的培训，能够将有关财务信息和数据输出的报表类型进行统一，解放了核算财务操作的生产力，并能够帮助业务部门掌握财务共享和业财融合的相关概念，加速理念转变，并促进财务管理职能升级。财务共享模式下，对公司流程的规范和完善，为业财融合的深化奠定了基础，而业财融合能够在财务共享基础上，对公司流程环节进行系统性分析，有助于实现公司精细化管理，并能够在监督检查相关机制的协助下，实现对公司运行风险的合理管控，从

---

① 王辉：《司库管理在 ZT 公司的应用研究》，硕士学位论文，西安石油大学，2016 年。

而为公司业务的顺利展开提供了保障。

（三）为财务效率提升和管理成本优化创造条件

流程标准化通过对现有流程的改进再造，使公司财务管理中所需的基础业务实现统一，有效提升了财务管理运行效率。财务共享能够完成关于公司财务管理的基础性操作，对公司当前信息系统进行方向性调整，而业财融合能够在财务共享基础上，通过部门间交互，推动财务部门与其他部门的配合，并降低了公司的运营成本。可以说，财务共享能够加快业务运转，对业财融合的运行起到良好的铺垫效果，而财务共享模式下的业财融合作为润滑剂，与脱离了财务共享服务模式的业财融合相比具有更加明显的推动优势。公司内部流程优化小组的构建，能够对现有流程进行梳理，并收集来自业务部门和财务部门关于流程运行中所存在问题的意见，减少冗余流程，为系统减轻负担。财务共享中心的建设过程中，要统一公司所用会计编码，并实现会计数据口径的一致，再通过财务相关制度奠定公司财务管理转型根基，并通过具体的财务流程优化实现组织和业务流程再造。高度集合的信息技术平台为公司财务效率提升和管理成本优化创造了条件，解决了基础核算占用财务人员过多精力的问题。关于流程中各业务的关键环节，可以通过财务共享中心系统进行回溯，缩小公司数据提取盲区，使信息通道的通畅度提升。此外，财务共享服务视角下，共享中心为公司提供标准化流程梳理再造服务，以满足客户需求为目标，立足于公司业财融合的实际需求，对公司实现业财融合、完成财务管理优化具有明显优势。

二 运营数字化有助于经营管理全过程业财融合

运营数字化有助于经营管理全过程业财融合主要体现在优化财务管理相关基础工作、加强系统之间的互动与连接以及为业财融合深入推进提供保障等方面。

（一）优化财务管理相关基础工作

财务共享服务平台的显著优势就是数字化和智能化，在财务共享服务视角下，能够与信息技术和影像技术进行深度融合，优化财务管理的相关基础操作，尤其是将原始凭证进行扫描上传和数据提取，定位关键信息进行提炼，并在共享中心集中存储以便查询，这个过程也是实现公司财务组织结构升级改革的过程。公司财务中心的建立首先要对公司财务组织架构进行分析和优化，再结合财务流程具体细节进行分析与拆解，立足公司财务管理实际过程和财务专业人员意见进行调整，将整体流程拆解成多个小流程，找寻集中化处理的平衡点，从而实现财务活动效率提升，并通过风险管控和成本费用管理秩序维护实现公司成本优化。财务共享的数字化能够实现对具体业务环节的跟踪，立足于业务中心可集中型业务的共性，将业务数据进行统一采集，并以流水线模式进行财务单据的批量处理，实现公司财务信息化管理。并且，财务中心设立以后，公司子单位中的财务部门均减制或取消，而共享中心的数字化运营模式和信息技术支持能够满足囊括所有子单位相关业务的需求，保障共享中心高效运转。搭建业务表单的动态渠道，将财务功能与业务前端进行衔接，充分调动财务管理的前瞻性功能，将业财融合渗透到公司经营管理的全过程。公司进行业财融合，建设财务共享中心，就是将财务核算、费用报销、银企互联等业务实现集中化办理，依托智能化数字化系统，提升信息共享程度，强化公司管理质量。

（二）加强系统之间的互动与连接

财务共享中心的建立在数字化信息技术的加持下能够加强各系统的互动与连接，推动经营管理全过程业财融合。数字化信息技术是公司财务共享中心的核心部分，在共享系统中，电子影像、OCR和ERP等系统能够实现交互，迅速收集来自各子单位的业务数据，并通过共享中心进行高效输送。完成相关信息收集后，共享中心展开数据分析，将数据信息进行分类转换，以统一语言的形式进行相关财务报表的输出。

在统一规范框架下，相关业务的执行与公司流程处理标准相符合，能够保障数据时效性和精准性，又能够实现便捷化的财务共享。在数字化运营模式的要求下，相同的人员规模能够实现更高的效率，在一定时间内可以处理比传统经营模式更多的业务，并且各流程中的管理活动和业务细节都可以通过流程控制手册进行统一，使得各部门进行相关工作时有章可循，其业务流程的发起和流转都在统一的标准下进行，有效减少关键节点数量，也降低了业务处理的难度，缩短业务流转时间。

另外，中间环节的缩减和冗余流程的去除，既不会产生新的业务风险，又能够使业务审批和流程结转的速度进一步加快。数字化运营模式能够帮助公司适应信息技术升级趋势影响下公司各系统之间的交互，通过对财务共享中心系统兼容性和适配性的优化解决不同信息系统交互成本高、交互难度大的问题，发挥共享中心系统数字化和智能化的优势。

（三）为业财融合深入推进提供保障

在财务共享服务模式下，公司经营活动产生的各项数据和业务相应记录都将在共享平台上传并存档，公司采购、研发和人力、仓储等模块都能与共享中心进行嵌入，使公司管理层便于进行集中管理。脱离了烦琐的核算工作束缚，财务人员能够顺利向业务前端渗透，充分发挥财务管理事前预测和事中监督的功能，使用定制化报表对业务部门的实际业务进行反映，并提供财务相关支持。

财务共享中心的服务型性质使其按照公司业财融合的要求改进相关服务项目，优化业务处理时效，加快公司业财融合深度推进。在财务共享中心的推动作用下，公司能够积极运用中心服务进行业财融合，对相关业务再造进行意见反馈，并配合财务共享中心功能对财务管理进行重新审视。在财务管理优化过程中，要实现财务人员的顺利转型，而财务人员转型可以根据专业能力和个人意愿，选择进入财务共享中心进行资金池管理和基础核算操作工作，或者深入业务部门，以业务财务的新职能开展财务管理工作。另外还可以根据财务共享中心对公司运营状况的分析报告和数据，对公司战略调整给出建议，发挥决策支持功能。由此可见，在财务共享模式下，共享中心运营数字化为业财融合深入公司经营管理的全过程，尤其是加快财务管理从业务尾端向业务前端过渡方面具有积极的推动和保障作用。

三　共享常态化有助于推动财务管理转型升级

共享常态化有助于推动财务管理转型升级主要体现在将日常经营过程中各项业务流程与共享服务连接、改变传统工作模式中独立单元的封闭状态以及对公司进行各项决策提供财务支持等方面。

(一) 将日常经营过程中各项业务流程与共享服务连接

基于财务共享中心的建设，公司的财务共享以常态化方式进行，并成为公司共享服务体系的重要组成部分。在业财融合背景下，公司不断扩大共享服务范畴，积极找寻日常经营过程中各项业务流程与共享服务的联结点。为此，在财务共享服务模式影响下，财务共享中心首先要对公司内部的各项业务流程内容进行细分，合理拆解基础性、重复性的工作，并改为通过财务共享中心集中处理。在财务共享中心对各项财务数据和信息进行高速传输，保障了公司财务管理及业务数据的完整性和时效性，使财务管理人员能够及时接收有关公司业务流程的第一手数据，并以相关分析报告的形式进行呈现，从而实现整体效率的优化提升。共享常态化使公司财务管理理念迅速升级，在此基础上，公司财务部门人员需要向管理职能转变，培养关于大数据背景下信息挖掘和数据分析能力，提升业财融合意识，从而实现公司财务管理质量优化，保障财务管理价值的正常发挥，带动财务管理转型升级。共享模式的顺利运行关键就在于对公司分散式管理的调整，以管理效能提升和子单位财务单位归集为途径，对公司财务管理组织进行重构，对传统运营模式造成了冲击，并为公司业财融合的顺利展开和深入发展扫清了障碍。

(二) 改变传统工作模式中独立单元的封闭状态

在财务共享体制下，公司各系统之间能够不受沟通壁垒的束缚进行协同。共享常态化为财务部门和业务部门思想转变和加强沟通创造了条件，改变了以往工作模式中独立单元故步自封的状态，就财务共享运行需要，展开沟通与合作，将业务过程中需要反馈的事件或者相关信息进行及时沟通。与国外相比我国财务共享的推进大多是在集团基础上的组织变动，具有一定的创建成本优势。但我国财务共享服务集中管控更为突出，不仅以降本增效为目标，更看重财务管控和战略目标的实现。在传统公司运营模式中，由于业务部门和财务部门各自运营，缺少沟通机会，因此对彼此部门运作和职责内容并不了解，财务部门需要提供相关数据时，业务部门由于不了解财务管理流程和需要而不配合。而随着财务共享服务的推出，财务部门和业务部门对部门协作和业财融合都能够建立一定认识，逐渐能够理解其他部门职责所在，并且初步了解另外部门进行相关问询或者工作的意义，调和业财部门可能存在的一些矛盾，既能够提升公司运作效率，建立竞争优势，又有助于推动公司财务管理的转型升级。

（三）对公司进行各项决策提供财务支持

共享常态化对财务管理转型升级的推动作用还体现在随着财务共享程度的不断提升，子单位的财务部门有精力参与业务事前决策环节，在业务进行前期就可以进行相关分析工作，出具关于收益和风险的预测报告，并与业务部门就业务关键点展开讨论与沟通。财务共享从本质上看是资源由共享中心向公司子单位提供的过程，具体指在财务共享中心中存储的公司运行和相关业务中蕴含的数据信息。财务共享中心储备的信息越多，就能够为公司提供更多的可支配资源，用于客户关系维护、市场开拓和风险管理等活动，从而保障公司财务共享的有效进行和财务管理质量的保障，并且为业财融合的推进提供了信息储备基础。财务深入业务前端，将事后监督功能向前端和业务中期均衡，对子单位报账计划和费用支出情况进行审核，对预算计划与单位实际标准进行比对，从而提升公司报账合规性。通过财务人员出具的资金使用相关报告，业务部门可以了解费用列支和利润情况，及时调整费用计划，改变传统模式中业务部门只关注业绩而忽略实际项目利润率的现象。在财务共享服务视角下，财务部进行财务管理和相关业务数据分析并不只是简单的数据罗列，而是以收集到的数据为基础，运用专业的财务管理知识以及大数据技术，参与公司的经营管理活动，对公司进行各项决策提供财务支持。

第二节 公司基于财务共享的业财融合存在的问题

公司基于财务共享的业财融合也存在一些尚未解决的问题如部分业务流程不合理，业财融合互通渠道较少融合广度与深度有待提升以及缺少面向业财融合的智能化管理信息系统、预算管理过程业财融合不充分，参与人员意识不足、参与能力不强等问题，如图3-2所示。

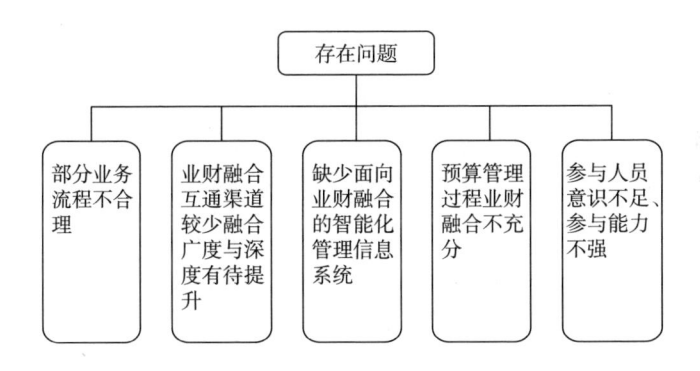

图 3-2 公司基于财务共享的业财融合存在的问题

一 部分业务流程不合理

部分业务流程不合理主要体现在固有业财流程亟待更新、财务共享系统信息化流程不合理以及流程不畅导致的财务业务效率降低等方面。

（一）固有业财流程亟待更新

公司在基于财务共享背景进行业财融合时，存在的第一个鲜明问题就是部分业务流程的不合理。在财务共享思想影响下，公司能够意识到业财流程合理程度对于公司运行的重要意义，关注本公司业财融合制度的建立和不断完善，积极促进财务共享中心的构建，力求提升公司经营模式的规范化程度及管理质量，并使例行决策效率能够得到有效优化。随着行业的变革和升级，当前公司固有的业财融合流程亟待更新，不规范的流程已经不能适应公司最新的经营活动和行业发展动态，并对公司发展产生负面影响。产生该问题的原因就在于公司业财融合流程设计是具有时效性的，随着时间推移，一些流程设计过程中没有被预料到的问题涌现出来，从而影响了既有业财流程各项优势的发挥，也无法带来财务共享中心运行效率的有效提升。此外，固有业财流程的优化需要耗费大量时间成本和资金资源等，因此公司进行该方面决策时往往要面对较大阻力，尤其是当原有流程对公司经营决策事项还能够正常发挥作用时，公司往往出于资金方面的压力等而缺乏对业财融合流程整体调整优化，使得业财融合流程和相关制度更新处于停滞状态。公司业财融合流程的执行是一个由规范到实际的过程，要使得业财融合流程完全发挥作用，整体把握业财融合流程设计的框架和思想并落实到实际中。在公司既有的业财融合流程及管理制度的执行阶段，一些制度思想和理念没有得到充分贯彻和执行，尤其是对相关细则的忽略，这些问题势必影响业财融合流程执行效果，导致业务流程的不合理现象。

（二）财务共享系统信息化流程不合理

财务共享系统为公司财务运行及业财融合提供了便利，但目前信息化系统处于运行初期，还缺少稳定性。财务共享系统信息化范围有待进一步扩大。由于平台流程是由专业大数据人员进行设计，虽然前期与公司人员进行一定程度的交流，但由于财务部门工作专业化程度较深，许多财务共享系统的信息化流程与财务人员实际操作存在差异，导致财务人员在使用信息化工具时受到不合理流程的影响，继而带来工作量的增加。例如在公司费用报销流程中的重复操作等问题。当业务人员需要进行费用报销时，需要登录信息化系统发起报销单据填写提交，当财务人员收到单据后，需要对业务人员提供的各项单据进行核对，如有不符合要求项，还要对报销单进行驳回。

此外，还包含一些因网络波动等问题而引起的单据上传空白，手工操作失误以及线上线下单据状态不统一等问题，类似问题也可能存在于公司付款流程中。当公司相关业务部门需要向外付款时，首先需要填写供应商资质，发起系统档案建档申请，然后将纸质合同等单据扫描后在系统中上传提交，相关信息均需要财务部门进行审核，尤其是各项资质真实性以及合同中的金额、付款方式、账户信息是否准确。财务部门人员审核完毕后发起应付发票流程，其中流程中的纸质资料也需要及时流转，不利于审批和办事效率的提升优化。另外，在销售收款流程方面也会存在一些不合理现象，尤其是当一些凭证初始信息存在出入时，即使从财务工作角度出发可以手动修改的细节，在信息化系统中也无法实现，需要冲销后再重新入账，导致原本只需简单操作即可解决的问题变得极为复杂，需要重走一遍流程，造成了资源和时间的浪费。

（三）流程不畅导致的财务业务效率降低

公司基于财务共享进行业财融合过程中进行的业务流程重构和再规划活动，目的是实现降本增效，提升公司运行质量，使得财务部门能够快速定位业务数据中的有价值信息，提升财务信息的时效性。而在信息化系统中进行业务重构，使得第一手数据能够进入信息系统，能够有效促进业务信息和财务信息的融通，还可以发挥信息化系统的优势，对这些业务数据和原始信息进行加工和处理。但业财融合对业务系统和财务系统对接度也存在一定要求，尤其是当这些流程存在不合理现象时，使得业务系统和财务系统难以对接。当线上流程不能畅通进行时，就会造成业务部门和财务部门工作量的增加，与业财融合降本增效的目的背道而驰，还容易引发业务部门和财务部门工作人员的矛盾，降低工作积极性。当前，公司存在业财融合过程中线上报销、付款、收款等流程的不合理现象，导致信息化系统线上业务流程进程往往出现卡壳现象。在不合理流程的影响下，财务部门人员提取有价值信息的难度大幅上升，并且还降低了财务业务处理效率，降低了财务信息时效性。尤其是财务共享中心建立以后，业务部门和财务部门的工作模式已经发生转变，这对业务部门和财务部门人员而言都是考验。业务部门需要灵活处理时，财务部门由于系统限制无法实现，而业务部门由于对财务流程并不了解，但在目前部分不合理流程的影响下，财务部门发现业务部门单据不符合要求时就需要驳回，否则系统流程将无法进行。

二　业财融合互通渠道较少，管理广度与深度有待提升

业财融合互通渠道较少，管理广度与深度有待提升主要体现在业财融合互通渠道较少、业财融合不畅通以及物资采购业务亟待升级等方面。

（一）业财融合互通渠道较少

公司业财融合的顺利实施需要以多元化的融合互融渠道为基础，以业务、财务的交叉延伸为前提。但当前公司业财融合互通渠道较少，成为影响实现业财深度融合的重要因素之一。综观不同公司的业财融合状况不难发现，领导层对业财融合的推进大多持有积极态度，能够建立关于公司业财融合必要性的正确认识，重视业财融合的发展，并关注公司业财融合的具体推行进度。从岗位实际的角度可以看出，公司的业务部门和财务部门相互独立，并且部门差异明显，相应的思维模式也有很大不同。对于公司业务部门而言，业绩完成率是工作成果的最重要指标，因此业务部门工作人员通常都具有结果导向思维。但对于财务部门而言，其工作过程则更偏向结果导向，在财务部门的工作过程中，更加关注公司效率效益的相关动态，基于成本预算等数据，出具财务报告，为领导提供风险管控的相关建议。

公司业务部门和财务部门相关人员由于工作内容的差异，通常在思维模式上也存在较大不同，因此，要顺利推进公司业财融合进

度，就需要考虑到两个部门、两个体系之间的差异化因素，通过管理视野思维建立对业财融合的准确理解，从而以公司发展和公司战略为导向，引导业务部门和财务部门建立有关业财融合的认知以及一致性的发展规划和目标，使得业务部门和财务部门能够达成统一的工作方向，再加上公平公正的绩效考评体系，统筹处理业务和财务之间可能存在的各项差异甚至冲突，实现业务与财务的交叉延伸。还要为业财部门打造互通渠道，实现业财融合自上而下的通畅推进。

（二）业财融合不畅通

业财融合是公司实现财务共享、保障公司财务共享质量稳步优化的关键环节，而提升业财融合就必须要打通业财融合渠道，当前公司在业财融合过程中存在许多不畅通现象，这与业务部门和财务部门在业财融合中承担的不同要求有关。对于公司而言，要实现业财融合，财务人员就需要对业务流程具备整体性把握，并根据公司的经营目标等，参与到业务部门运作及公司运营的过程中。在财务部门参与业务部门活动过程中，从财务部门的角度出发，发掘业务部门运行过程中可能存在的问题，并帮助业务部门实现优化，要求财务人员建立关于业务部门流程的详细了解。但实际过程中，财务人员对业务部门流程信息等知之甚少，尽管有的公司会给财务人员提供一些培训机会，但收效甚微。而在业财融合的过程中，由于财务部门人员对业务部门活动及各项流程不熟悉，需要业务部门人员配合提供各项资料、信息及数据，这就容易导致业务部门人员工作量的增加。同时由于公司业务部门人员也对财务部门活动及过程性思维不甚了解，对财务部门的工作目标和基本理念没有形成正确认识，降低业务部门人员参与业财融合的积极性。具体表现在当财务人员对业务部门相关数据进行复核汇总时，一些以财务角度看属于异常数据的信息就需要业务部门进行检查或者修改，导致了财务部门人员与业务部门人员的意见不统一现象，阻碍了公司实现业财融合。

（三）物资采购业务亟待升级

首先，物资采购业务亟待升级首先表现在数据价值开发利用不完全方面，缺少对采购单据中所蕴含有价值信息的再利用环节。在财务共享基础上，物资采购业务能够自动生成付款及报销相关单据。但由于报销、采购业务都是以独立的工作流进行提报的，当工作流最后审批完成后，相关单据中涵盖的关键信息在共享中心储存，但其储存形式呈现分散性的特点，对其中蕴含的数据价值利用率并不高，没有进行再加工和提取操作。

事实上，物资采购单据中蕴含着许多有价值的信息，可以通过加工处理进行数据比对，从而了解市场物资价格动态等，进行市场发展形势预判。但通常由于公司关于业财融合的理解还停留在浅层阶段，关于业务前端如何进行不同业务及部门间互通融合没有概念，因此一些重点业务还没有和财务部门实现有机融合，因此对采购单据中蕴含的价值信息没有进行及时处理和提取，导致一定程度的资源浪费，也不利于数据价值的利用，不能完全发挥采购业务决策支持作用。

其次，采购动态管理环节还存在可提升项，尤其是对于采购物品的生命周期管理部分。在共享中心中完成采购流程后，由于库存管理没有与共享中心系统连接，因此对物资的动态管控力度不足。采购业务大多以事后监督为主，财务部门在采购事前与事中的介入不明显，尤其是采购事前对采购合理性进行审查还缺乏标准化流程，也不符合公司推进业财融合、优化财务管理质量的基本要求。

三 各管理信息系统数据交互能力较弱，缺少面向业财融合需求的智能化管理信息系统

各管理信息系统数据交互能力较弱，缺少面向业财融合需求的智能化管理信息系统主要体现在管理信息系统数据交互能力不足、信息化系统风险应对能力不足从而影响各管理系统数据交互以及缺少面向业财融合需求的智能化管理信息系统等方面。

(一) 管理信息系统数据交互能力不足

近年来，公司业财一体化系统具有一定程度的提升和优化，但系统功能开发和应用还不完全，有一些管理信息系统的功能还没有被充分利用，这种现象也影响了管理信息系统对公司决策的支持作用。基于管理信息系统运行规则来看，各系统之间能够进行一定程度的交互，但交互程度不足，虽然实现了端口的互通，但是由于不同系统之间结构的差异化，使得从不同管理信息系统中提取出的数据也存在一定的差异性。这就要求公司专门设置一些人员对管理信息系统之间的数据进行刷新和检查，避免由于不同系统之间运行基础的差异性而导致的数据不准确现象。提取数据出现差异时，需要进行调整，这种模式与当前管理信息系统交互差有关。目前，类似问题大多出现在数据导出再处理的过程中，相关人员需要耗费大量时间和精力进行相关数据的收集和整理，对差异数据进行处理并且汇报。再加上存在需要手工操作的部分，也会存在错误传递的可能性，这是当前所有平台系统存在的硬伤。

基于上述情况，公司要想获取分析决策的相关内容，就需要由相关人员熟练使用分析工具，通过数据建模等技术对数据信息进行处理，对公司相关人员的专业能力具有一定的挑战性。如果公司相关人员在进行分析工具使用时缺少相应的专业能力，就无法基于公司运行过程中的各项数据进行准确分析和预测。并且在不同系统交互的过程中，如何保障系统稳定性，维护系统内部各项数据安全，也是相关人员需要重点考虑的问题之一。目前，公司人员关于管理信息系统数据交互还没有形成熟练能力，因此各系统之间交互性较差，缺少面向业财融合需求的智能化管理信息系统，影响了公司业财融合的发展。

(二) 信息化系统风险应对能力不足从而影响各管理系统数据交互

随着信息技术的不断升级，公司管理信息系统基本能够维持稳定运行，并且在防火墙技术的保护下，系统数据安全性能够得到有效保障。但由于网络环境复杂，在系统运行的过程中还要面对较多风险。对于公司管理信息系统而言，网络波动、数据丢失、黑客攻击等都是可能危及公司管理信息系统稳定性和数据安全性的因素。但由于市场环境和竞争等要素的影响，想要完全规避这些风险并不现实。为此，公司需要建立有关风险的正确认识，并积极从系统自身和系统外部如人员、制度等方面进行应对，做好系统维护工作，否则就会影响不同管理信息系统之间的交互性提升。但目前公司的系统维护工作做得并不到位，一些风险意识还没有建立完善，信息化建设力度不足。这主要是因为公司自身的信息化建设水平较弱，大多数公司都只能从软件供应商处进行系统定制。系统出现问题时公司只能联系供应商进行相应的售后和维护工作。

对于公司而言，在管理信息系统信息化建设方面缺少主动性，并且在费用方面也承担一定的压力，既无法设置专门人员进行系统维护，又需要进行周期性的系统维护支出，在增加运营成本的同时又不利于公司管理信息系统之间的交互，进而影响了公司业财融合的进度。

(三) 缺少面向业财融合需求的智能化管理信息系统

各管理信息系统数据交互能力较弱还表现在业务系统与财务系统融合程度较浅，缺少面向业财融合需求的智能化管理信息系统方面。公司的业财融合能否顺利推行关键就是看业务部门与财务部门融合的程度，为此，财务共享平台为业财融合的推行和不断深入发展提供了平台。在财务共享平台中，各项业务流程以标准化的方式进行，为业财融合创造了基本条件。虽然公司在财务共享平台建设方面耗费许多精力和资金，财务共享平台的信息化程度也较高，但在不同信息系统之间难以集成和交互，尤其是业务系统和财务系统融合程度较低，影响了业财融合的深度发展。虽然财务共享平台具有强大功能，但是在公司实际运行过程中，CRM、OA和税务系统仍以分散状态运作，系统之间没有形成有效的数据互通渠道。针对子单位的实际需求，各系统独立持有相应数据和资料，缺少面向业财融合需求的智能化管理信息系统，无法实现数据的互通和统一，这样的格局使得数据提取差异等问题影响公司业财融合的深度运行，也不利于公司业务的高效运行。

具体到公司日常经营活动中，业财融合智能化管理系统的缺乏使得不同信息系统数据之间难以互通，例如成本系统和财务系统分属两个不同系统，其系统结构差异较大，要进行数据统一就必须从各自系统中进行提取，然后再经过专人处理合并。但由于系统体系的不同，在进行数据提取时容易出现误差，尤其在取数阶段提取误差发生的概率更高。当发现数据不统一时，就需要专门人员进行核对检查，并验证数据来源，造成时间和精力的浪费。另外在财务核算和业务合同管理系统中也容易出现难以交互的现象，当业务合同进入信息化系统流程后，财务部门人员必须登录不同的系统进行业务合同具体信息的查询和录入，再进行销售开票操作，这样不合理的流程设计增加了财务部门人员的工作量。

四　预算管理过程业财融合不充分

预算管理过程业财融合不充分主要体现在影响公司预算执行效果、财务人员职权限制参与预算管理困难以及预算分析未能实现精细化等方面。

（一）业财融合不充分影响公司预算执行效果

公司预算是公司管理中的重要组成部分，对公司成本管控和投资预测等方面发挥着重要作用，是保障公司资金流平稳运行、实现公司战略发展目标的关键。而预算管理过程中各项预算项目的精细化是保障公司预算管理质量的基础，可以说细致的预算管理是成功公司的标配，但在公司预算管理过程中，业财融合不充分现象就容易影响公司预算执行和纠偏措施的质量，从而影响公司的平稳运行。预算以货币形式进行表现，对公司一年内的预计收入情况进行预测和估计，并且对可能产生的费用进行规划，对公司正常运转起到一定的保障作用。作为公司经营目标的核心内容之一，公司预算对于各部门活动的协调和公司运营秩序的控制具有一定影响。

在预算管理过程中业财充分融合能够优化公司预算管理质量，提升预算管理科学性和准确度。但目前部分公司基于财务共享视角下在预算管理过程中还没有实现充分的业财融合。从预算管理的本质上看，需要评估公司的现金流水平，因此需要各部门积极配合提供各项基础数据，这时公司业财融合的作用就会凸显出来。如果公司内的业财部门能够实现积极配合，保障所提供信息的质量，就能够有效提升公司预算整体效率，并且实现公司预算管理质量的优化。如果公司业财融合程度较低，就容易导致预算执行和纠偏困难，继而引发资金脱节等现象。对于公司而言，细致的预算计划和严格的预算执行能够有效保障公司平稳运行，实现资金的良性运转，但如果预算出入较大，经营指标任务不科学，就容易对自营项目产生依赖，产生现金流危机、资金链断裂等问题。

（二）财务人员职权限制参与预算管理困难

预算管理科学性在很大程度上依赖于前期的预算沟通阶段，业财部门需要展开充分沟通，对短期内资金信息进行收集和处理，该过程既包括财务部门预算沟通的内容，也包括预算人员前置端进行资金计划精细化的要求。从预算管理过程中业财融合不充分问题可知，要优化预算管理质量，就需要财务部门人员实际参与预算管理。

在公司运行过程中，财务人员由于职权限制，很难真正参与到预算管理的过程中，大多预算编制都是由经营单位负责，财务部门只是进行录入和汇总等基础性工作。虽然部分公司设置有预算小组，但在实际预算管理过程中只是协助提供一些数据，参与会议等。财务人员参与预算管理困难实际上是预算管理过程中业财融合不充分的重要表现，容易产生由于沟通不到位而遗漏部分费用，影响预算准确度的情况。一旦费用超支，就会对公司资金流产生较大压力。

另外，在季度滚动预算管理中，需要在各部门历史数据的基础上开展分析，需要财务部门人员给予监督，才能够有效保障各部门提供信息的价值度和质量，避免个别部门使用滚动前数据而提供无用信息，影响预算执行收效。在职权限制的框架下，财务人员无法协助参与预算报表的编制和预算管理事项导致预算出现偏差，是公司在业财融合过程中常见的问题。在这个问题影响下，事业部的预算方案往往形式大于内容，使得从前置端进行预算优化的难度大大提升，导致公司预算管理质量差。

（三）预算分析未能实现精细化

预算管理是一项精细化的工作，需要基于公司运行中的各项基础历史数据展开分析，并且与各部门进行深入沟通，才能够给出一年内公司各项费用预估情况，对公司资金流起到重要保障作用，但许多公司预算分析过于粗略化，并没有深入业务细节，精准度还不足，这是公司业财融合过程中存在的问题之一，导致了预算管理过程中业财融合的不充分现象。对于预算管理工作而言，预算内容的精细化是预算管理质量的重要指标，当公司实际费用与预算管理存在出入时，就需要启用预算纠偏措施，但目前许多公司的预算纠偏措施还不到位。另外，从预算管理本身来看，要保障预算管理的精细化，就要做好各项目预算内容的规划，细分各项费用，才能够保障预算分析的有效性。

为此，需要在预算分析过程中，融合公司各项目运营的整体流程，不仅要包含设备、劳务、服务等项目，还要涵盖采购、项目施工等多个环节。要及时将月度预算偏差与上月进行对比，从整体项目的角度对各项收入和成本进行分析比对，对存货现金流状态进行预算偏差处理。对预算差异的处理要关注固定明细费用的细分问题，针对销售费用、管理费用等具体情况进行溯源，从而实现预算管理的科学控制。但在实际公司运行过程中，事业部编制预算规划时往往只停留在前端浅层项目中，没有从源头入手进行预算分析，并且在预算反馈阶段也不能出具明确的分析报告，纠偏措施不到位，从而影响到整体业务的预算效果。

五 参与人员业财融合意识不够，专业储备和能力不足

业财融合使财务部门人员工作职责产生变动，出现了参与人员业财融合意识不够，业财融合使财务部门人员工作职责产生变动，相关人员专业储备和能力不足等问题。

（一）参与人员业财融合意识不够

专业储备和能力不足也是公司业财融合过程中存在的重要问题之一，阻碍了公司业财融合的推进。财务共享中心的建立带来了公司财务处理和运作的新体验，开创了公司财务管理新时代，但同时也对公司业财人员的能力提出了更严格的要求。对于财务共享中心而言，财务处理高度集中化和业务处理线上化、标准化是其鲜明特点。在财务共享中心，各财务业务具有标准操作流程，由专业人员进行线上操作。而财务共享中心能够结合大数据等技术，对公司业务进行细分，提升不同岗位业务精度，例如，报销复核和会计报表等基础操作，相关财务业务票据的扫描及信息传输等，这种岗位细分模式能够有效提升效率，但对于传统财务人员而言也形成了一定的挑战。

在新的时代背景下，公司业财人员需要迅速适应角色转变，建立关于业财融合的意识，并且不断提升自身的专业储备，提升岗位能力。在实际过程中，部分公司的财务人员进行角色转变的过程并不顺利，还没能及时完成思维的转变，仍然沿用传统的核算财务思维，专注于公司预算、成本分析及数据处理等工作，没有形成战略化的业财融合管理思维，也不能从业财融合的角度对公司经营活动进行事前预测，对于经营活动参与经验不足，对业务部门流程也缺少兴趣和了解，无法达成业财融合对公司人员形成的具体要求。另外，还有部分财务人员无法适应岗位细分模式，在机械化的细分工作中难以找到自己定位，很难突破细分模式的限制，影响了个人工作的积极性，对业财融合效率产生消极影响。

（二）业财融合使财务部门人员工作职责产生变动

推进公司业财融合进程，相关人员的综合素质也十分关键，无论是公司的业务部门还是财务部门，在实现公司业财融合的摸索过

程中都存在不同程度的不适应现象，影响着业财融合进度。例如细分岗位模式导致的低流动性、低轮岗的现象，使得相关人员难以获得成长发展的新机会，固定于业务流程的某一具体流程中无法获取整体性的视角。

公司财务共享中心的建立将业财部门的岗位内容进行了细分，在细分岗位上设置专业人员参与财务业务的流程化操作。带来了效率方面的提升，但对于工作人员而言存在一定的限制性，阻碍了相关人员业财融合思维的养成，也使得他们不能建立全局观，长期下去消磨了其工作积极性。对于财务部门而言，业财融合使得财务部门人员工作职责产生较大变动，工作职能向业务财务转变，与传统财务部门工作职责不同，在业财融合背景下，财务部门人员需要主动与业务部门沟通，并且需要学习业务财务的相关知识。

为此，部分公司会推进业务财务轮岗制度，但由于两部门工作内容差异较大，基本沿用各司其职的模式，使得业务财务轮岗制度的成效很难得到保障。另外，由于财务部门人员对管理系统工具没有充分了解，对业务数据进行收集和分析具有一定难度，其出具的分析报告也存在客观性不足的情况。业务人员在建立业财融合意识的过程中，由于专业性的限制，难以真正融入财务部门的具体工作中，甚至对财务管理概念等基本知识都不了解，无法提起学习兴趣，也容易导致业务部门与财务部门之间沟通成本提升。

（三）相关人员专业储备和能力不足

业财融合的顺利进行不仅需要相关人员具备业财融合的理念，实现工作方式的转变，配合公司业财融合制度，做好岗位本职工作，为公司创造价值。传统财务工作中的报账记账内容的淡化以及管理会计内容的增加，这对财务人员的综合管理能力提出更严格的要求。但实际过程中相关人员的管理能力不足，无法符合业财融合对财务人员提出的预控业务风险等要求，在实际工作过程中，难以为公司创造价值，实现资源优化配置。

由于我国关于财务共享和业财融合发展起步较晚，许多人员对于业财融合认知较少，具体到公司而言，财务共享中心的组成人员大多来自公司传统财务岗位，尽管通过岗前培训，但面对全新的工作方式和工作内容，许多财务人员由于时间方面的限制和自身能力的不足，难以从烦琐的工作中脱离出来实现个人发展。另外，在细分岗位的前提下，相关人员面临重复性工作较多，没有时间进行信息化系统的学习和业财融合方面的提升。除核算能力外，许多公司的财务人员还存在分析管理能力方面的短板。由于传统会计的重核算特点，财务人员培养管理会计意识需要一定时间。由于缺少项目管理经验，一些财务人员进行合同评审、项目进度把控等工作时往往心有余而力不足，不能保障业务控制质量，也为公司的风险管控活动埋下隐患。在预算分析纠偏措施制定过程中，相关人员还缺少相应的专业知识与能力，容易导致纠偏措施不到位情况，影响公司业财融合效果。

第三节　深入推进业财融合确保财务共享有效运行

要实现财务共享有效运行，还需要从构建共享平台物资采购业务全链条管理流程、建立共享平台跨专业全面预算价值管理功能模块、创建多业务领域大数据交互运算分析的共享平台财务全要素风险管控模块、通过搭建人力资源支持平台激发融合内生合力和深入融合外生动力、相关业务流程优化、构建业财融合信息系统以及基于大数据分析的业财融合优化等方面进行，如图3-3所示。

一　构建共享平台物资采购业务全链条管理流程

构建共享平台物资采购业务全链条管理流程主要包括加速实现公司传统财务管理模式的转型升级、建立统一的物资管理模式以及加强数据抓取能力不断优化采购预警机制，建立智能分析模块等方面。

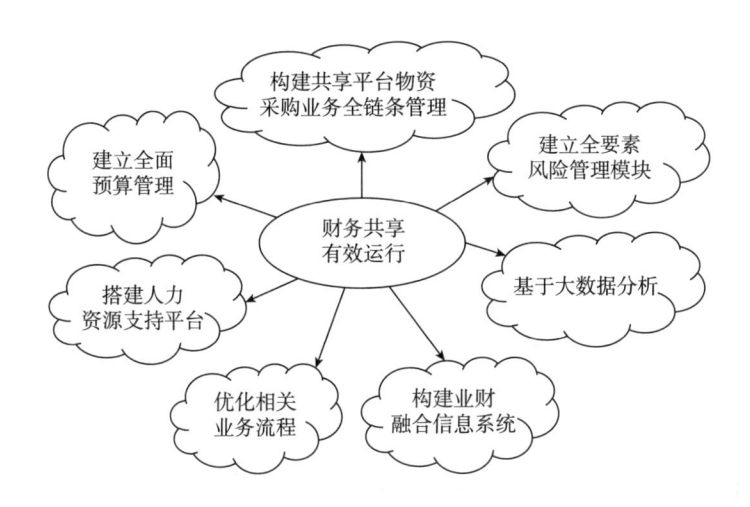

图 3-3　深入推进业财融合确保财务共享有效运行

（一）加速实现公司传统财务管理模式的转型升级

公司的工作团队要适应业财融合对财务管理和转型工作提出的更严格要求，公司管理层要从财务共享视角对公司财务转型升级进行统筹。财务共享服务视角下深入推进业财融合就要重视当前公司业财融合互通渠道少，交叉管理质量差的问题，对公司物资采购业务管理流程进行再造。要深入认识当前公司在采购流程方面的可改进点，尤其是关于采购业务进行过程中，主管部门对市场信息掌握不足，只有片面认识的问题。从公司运行机制上看，采购业务频繁，供应商和货物种类繁多，来源不一，因此要保障采购物品质量的稳定具有一定难度。在采购业务流程再造时，必须打造多部门共同推进、业财密切衔接的机制，通过不同单位之间的对接和复核实现采购业务的优化。

为此，可以通过构建共享平台，将物资采购业务的全链条管理进行融合，打造共享平台下的业务流程模式，实现业财融合的深入推进。由于物资采购业务涉及多个部门，以联动互通的模式开展公司物资采购管理优化活动，提升公司财务管理质量。

在国家政策和市场发展趋势的影响下，电子商务正迅速崛起，承担大量公司的物资采购、交易及运输等多项关键业务。基于共享平台物资采购业务全链条管理流程的建设，公司业务部门需要进行物资采购时，首先登录财务共享平台，发起采购需求申请单。单据提交之后，共享平台可以根据单据中的关键信息，筛选与采购单相匹配的物资名称和规格型号。在大数据技术的协助下，对匹配出的商品进行分析比对，按照供应商资质、产品价格、交易数据等条件筛选出最优选项，从而发挥决策支持功能。共享平台的衔接能够加强对于采购前端的管控质量，尤其是利用信息技术对潜在供应商进行筛选，既能够有效保障采购物品质量，又能够帮助公司规避风险，加强对采购价格的管理，另外，也减少了对供应商及产品进行询价比价等人力和时间成本。对待确认采购物品进行审批后，通过共享平台将采购单相关信息进行传输，并生成采购订单。供应商接收订单后打包发货，采购流程完成后更新订单状态，再由能源一号网回传至共享中心，由共享中心发起下游报销单据，以此打造两系统联动的模式，实现采购流程高效化和智能化。

（二）建立统一的物资管理模式

要抓住共享平台物资采购业务全链条管理流程建设的契机，提升公司的物资管理能力，以规范性的原则进行物资管理活动，建立统一的物资管理模式。物资管理是公司日常管理的重要环节，公司的物资管理水平事关货物安全及公司运行秩序，与库存管理、成本管理息息相关。为此，要加快将库存产品的动态管理机制与财务共享平台相适应，在共享平台中增设有关物资出入库的相关流程，并与发货单、库存单等单据进行关联。通过共享平台线上系统进行对仓库物品的实时动态监控，可以随时了解仓库货品的出入库状态，及时捕捉库存不足预警信号，保障货物供应。另外，可以在共享平台的信息技术模块下，将仓库物品进行分类，以办公用品、应急物品、生产资料等作为分类依据，建立系统台账及分台账，实现物资状态智能化录入。当财务中心接收新增物资采购申请时，可以从线上物资管理系统查询当前库存情况，避免重复物资堆积，从而实现物资采购的源头管控。

在物资管理优化、库管系统在公司财务共享中心接入后，公司业务部门在进行费用报销时，将相关单据上传至财务共享中心，OCR技术会自动提取相关票据上的物资、规格型号等数据，自动进行台账更新，并发起物资领用单流程。新的费用报销流程能够对公司资金管理质量提升产生直接的积极作用，有效加强银企直联，并且使公司实现合理的资金管控，以标准化的支付流程提升费用使用规范化。业务部门凭单领取物资，由此实现物资管理的线上线下联动。通过提前设置的物资数量预警线，当现存物资数量到达预警线时，共享中心将进行自动提醒，能够有效减少人工更新物资台账，查询剩余物资数量的人力成本。在采购应付流程中，提升关于业务财务的决策功能，当接收新增的物资采购申请单时，可以对申请单的相关内容进行初审，从财务共享中心系统中调取有关库存量和经营需求的价值信息，并且结合市场发展和预计收益情况进行总结。要保障财务中心对各项业务的介入权限，对公司采购价格、采购申请进行监督。

财务介入可以从采购申报前端进行，在系统中开放查询端口，使财务人员可以设置价格变量偏差，如果发现物资采购申请单中有异常项目，业务财务有权限从初审阶段进行单据驳回，对采购流程的精细化改动能够实现合理采购管控。而利用财务角度对采购需求进行客观判断，能够提前发现经营异常信息，做出相应操作。在财务共享模式下进行采购应付流程的优化，对改进传统手工对账问题效果明显。打造了供应链和财务链的整合，支持了公司的业务发展和效率优化。

（三）加强数据抓取能力不断优化采购预警机制，建立智能分析模块

在大数据技术的独特优势下，财务共享平台能够出色完成关于信息收集和处理的相关操作，将公司日常经营活动中各项业务进行所需的价值信息进行提取和汇总，为公司提供决策支持。为此，就

要在构建共享平台物资采购业务全链条管理流程过程中，深入分析采购部门需求，实现流程再造活动。在共享平台上，通过开放应付款项集中支付处理，为业务人员提供便捷体验，并且集团公司和各子单位可以共用供应商系统，对于同一家供应商的采购计划，可以进行合并付款，以此提升效率。在采购预警机制构建方面，大数据技术可以将各类采购信息进行加工处理和呈现，尤其是历史交易数据形成的采购记录和库存数据等。财务管理人员可以按照公司实际需求，设置检索条件，将财务共享中心中储存的相关信息按照供应商资质、价格、质量反馈等进行对比，并就当前库存预警或者关键数据展开分析。

在采购预警机制优化的作用下，当共享中心库存台账中发现达到预警线数量的物资时，便会以系统弹窗的形式向相关人员进行提醒。采购预警机制的优化能够正确发挥大数据智能分析的功能，通过强化相关数据的抓取能力，实现对物资采购决策的支持，也能够健全物资采购流程中的监督与管控，帮助公司优化物资采购环节。关于部分公司在固定资产管理系统导入的实际困难，要关注手工操作可能产生的误差以及对时间资源的浪费，通过财务共享中心打通业务步骤之间的阻碍，在共享中心中设置资产卡片，自动进行固定资产管理系统的更新。不断更新资产编码，完成库存盘点，实现编码与实物一一对应，从而便于固定资产流转，防止风险事件的发生。另外，在采购业务全链条管理流程再造过程中，要注意采购事项的不断完善，综合考虑公司所处行业和实际需求，针对一些无法用规范采购合同形式的交易，要进行提前考量，在共享中心进行充分备案，从而避免预付账款阶段造成的疏漏。

采购业务流程再造的过程，就是去个性化的过程，针对一些与固有流程不相符合的特殊流程，要从系统角度出发进行标准化、规范化管理。采购单审批通过后，在应付账款流程中也要注意关键环节的补充和完善，利用财务共享中心实现规范化核销，通过系统对款项支付情况的判定，对金额和已提交单据进行自动核对，并在监控系统的作用下进入银企互联端口，进行资金支付操作。

二 建立共享平台跨专业全面预算价值管理功能模块

建立共享平台跨专业全面预算价值管理功能模块主要体现在简化日常预算管理工作提升公司预算管理效率以及构建财务共享平台服务于公司经营预测功能等方面。

（一）建立共享平台跨专业全面预算价值管理功能

为进一步提升公司预算管理质量，充分发挥公司预算对公司价值创造的积极作用，突破融合管理效能对公司决策支持作用不足的限制，加快建立共享平台跨专业全面预算价值管理功能模块，通过财务共享平台提升公司预算水平，为公司管理者提供高效便捷的决策建议，有效优化公司决策质量。为此，就要选择适合公司的预算编制方法，以灵活性科学性为原则选择预算编制方法。可以设置固定预算和弹性预算法，或者通过增量预算和零基预算法，根据公司实际进行选择和决策。在我国传统公司运营过程中，大多数公司在选择预算编制方法时没有考虑公司实际，直接选定增量预算法。新编制的预算建立在去年业绩基础和数据中进行增量，同时为资源配置一定的弹性指标。

这种编制方法的优点在于历史参考价值比较强，基数选择较准确，但不适用于市场环境变动的情形。预算编制方法的确认需要财务部门对公司当前外部市场环境做出准确评估，在结合历史编制情况进行决策。还可以设置多元化预算编制方法，为公司预算编制找寻不同的借鉴指标。预算设置时限方面可以设置年预算计划与月度预算计划等，或者通过定期预算和滚动预算的形式进行。还要不断加强公司预算管理的精准度，尤其是强化业务流程中对相关预算计划编制及执行的参与程度，保障各项业务活动的有序运行。在财务共享平台中，要及时汇总公司各项业务的期初数据，并以预算期初台账的形式将相关数据推送至业务部门。业务部门可登录财务共享中心查看相关成本费用状态以及预算计划出入情况。当出现超预算支出时，业财部门可以进行协同，关注相应预算执行不到位的问题，查找具体原因，打造预算计划不断优化的良性循环，使预算计划能够与公司战略规划相适应，也能够符合市场开拓和经济业务拓展的基本要求。

具体到财务共享平台功能板块，要注意完善各项费用预算完整度，对一些可能忽略的领域费用如公司安全环保费用等进行及时提报和更新。通过费用预算计划的不断完善，相关业务部门可以利用财务共享平台实时了解当前部门各项费用支出情况，有效加强预算管理质量，提升预算计划编制与执行的透明度。另外，平台可以自动更新当前预算执行数据，按照执行率进行排序，迅速定位部分预算执行超出或者落后的项目，并展开分析，了解预算出入原因，判别项目进度以及确认相应费用项目报销单据提交状态。针对预算超出的项目，要向业务部门发出提醒，对相关费用标准进行比对。在预算计划提报阶段，要汇总各业务部门提报的具体计划，建立月度资金总计划，提升预算计划可视化程度，通过可视化的形式使每一项预算资金提报需求所占总计划比例清晰可见，并借助分类功能将月度计划中费用成本、预算与现金流的状态进行呈现，使公司资金使用规划性有效提升。

（二）简化日常预算管理工作提升公司预算管理效率

发挥财务共享平台功能，打造便捷化的财务预算操作流程，简化日常预算管理工作，提升公司预算管理效率。建立共享平台跨专业全面预算价值管理功能模块，打破传统线性预算编制的顺序，改变从业务预算逐级叠加提交至集团汇总的思维，要将集团账套和子单位账套进行分离。在预算编制时，可以先对底层项目进行评估，出具有关业绩预算指标，再通过对利润指标的分析确定费用标准，最终形成以利润目标影响预算计划的模式，使预算编制模式既能够符合公司业务实际，又减少资金资源的浪费。公司进行预算管理是全员参与的全过程优化，涵盖了公司经营和进行投资活动等的全部流程。

要落实预算管理质量的提升工作，就要从事前、事中和事后环节建立预算监督,公司内所有成员都需要参与进来。基于财务共享平台强大的数据存储功能,目前已经涵盖公司日常业务中大量数据,其中既包括相关业务数据,也包含成本费用的信息,这些信息对于优化公司财务管理秩序具有一定价值。要加快财务共享平台功能的开发利用,特别是在数据分类和汇总方面,将已存储数据进行再加工,通过不同物资品类和交易记录等重要信息,使财务预算操作流程更加便捷。共享中心可以将接收单据中的关键信息进行输出,结合ERP系统中有关订单数据,对物资的费用情况进行计算和分析,编制物资服务成本费用一览表,并以此进行对物资服务的费用标准核定,帮助财务人员进行年度预算编制调整。

另外,可以引入评价模块,对共享平台中录入的各部门预算执行准确度进行客观评价,并出具评价报告,使业务部门加深对预算执行情况的了解,也能够将预算执行情况汇入年度考核,作为辅助考核指标,督促业务部门严格执行预算计划,提升预算管理效率和质量。通过KPI指标的设置,要将预算计划执行情况与员工薪酬挂钩,督促员工能够主动从工作过程中发现预算执行流程中可能存在的不足,在薪酬激励和考核方案的共同作用下,建立预算意识,严格执行预算计划。

公司预算管理应该自上而下制订预算规划,以资源优化配置为目的,以历史业务数据为基础,以充分对比和测算为前提,在财务共享服务模式中有序进行。在预算计划的执行过程中,要通过财务共享中心功能对各部门实施情况进行监管,确保部门费用支出符合预算规划和相应标准,并对超支情况进行预警和通报。财务部门人员对从各部门预算计划中收集到的有效信息展开分析,从财务的专业角度给出有关预算和投资决策的支持建议,并结合大数据技术,出具关于市场和行业最新数据以及公司盈利情况等相关报告,将资金周转率、负债比率、股东收益能力进行综合衡量,从而发挥预算管理的作用,以财务共享平台为基础为公司提供数据支持。

（三）构建财务共享平台服务于公司经营预测功能

基于业财融合理念，做好财务共享平台深度开发工作，实现业务口径不断扩大。在公司财务共享平台跨专业全面预算价值管理功能模块的建造过程中，要根据业务预算和资金预算，对各预算项目进行分类，将对应的库存预算、应付账款、营业收入和现金流等进行分列。其中，销售预算是进行部门预算计划编制的基础，销售预算的编制不仅要使用公司内部业务部门交易数据，还要对客户需求、市场环境做出分析和预判，评估客户购买力，才能够提升预算准确度。在实际操作过程中，一些公司脱离销售增长的实际进行预算编制，极容易使预算编制脱离实际。由此可见，分期、分节、立足于实际是预算编制的必要手段，要利用财务共享平台服务协助公司进行经营预测活动，对当前业务状态和数据进行分析核算，将各项业务中蕴含的重要信息进行汇总和处理。充分保障财务共享平台财务管理信息的时效性，尤其是对已经涵盖的业务类型和基础，实现快速反馈。

为了避免预算管理流于形式，使得预算管理相应措施和预算执行的理念能够深入到公司经营活动的环节，关于预算管理重要性的认识渗透到每一位公司员工，就要构建财务共享平台服务于公司经营预测功能，为公司经营决策提供支持，打造全面预算机制。公司管理层要继续提升对于预算管理的重视程度，将推进预算放到每一个部门的基本工作职责中。在各子单位可以设置预算委员会，与集团的财务部门进行对接，负责对本单位预算指标进行选取，并根据不同的业务环境上传预算编制报告。在实际运营中，预算委员会对部门预算执行情况发挥监督功能，保障部门预算的严格执行。另外要落实预算委员会与预算部门的沟通，当预算编制计划与实际情况差距较大时，共享中心会出现弹窗，中心工作人员需要对该计划进行定位和持续跟踪，与预算委员会沟通解决与调整方案。财务共享服务模式下，公司业财融合的发展要合理通过信息技术的运用，保持业务作为公司发展核心的地位，通过业务效率提升和业务管理优化实现公司长远稳定发展。要以市场化视角和生产化的服务为公司打造核心竞争力，因此业财融合相关政策的制定也要从全面性和实际性出发，才能实现业务发展目标。为实现经营预测功能优化，要打造财务共享平台与税务核算等平台的融合与衔接模式。在经营预测模块，财务共享中心相关人员可以快速查询公司经营过程中产生的各项业务收入和经营成本等信息，共享中心通过业务链条实现关于项目利润情况及税费附加的及时反馈，为财务管理人员打造便捷高效的全新体验，为公司领导层提供时效性更强的决策建议。

三 创建多业务领域大数据交互运算分析的共享平台财务全要素风险管控模块

创建多业务领域大数据交互运算分析的共享平台财务全要素风险管控模块，主要包括通过建立稽核管控模块实现交互式成本费用管控、加快资金结算管控模型升级以及重视财务共享系统的安全性维护等方面。

（一）通过建立稽核管控模块实现交互式成本费用管控

为有效降低公司运行过程中可能存在的各类风险，在推进业财融合的过程中，要积极利用信息技术，打造公司风险防范体系，在共享平台上完成对公司财务关键数据的保护。立足于公司当前适应业财融合管理智能化信息系统缺失的实际，不但要加强各业务系统之间的交互融通，还要通过创建多业务领域大数据交互运算分析的共享平台财务全要素风险管控模块，对当前公司财务核算质量进行持续性优化，通过建立稽核管控模块，打造交互式成本费用管控透明化新体验。在财务共享中心作用下，财务全要素风险管控模块可以实现对风险的预估和预判，提前预测相应风险事件的发生并发出预警信号，共享中心人员接收预警信息后积极筹备风险预案，并针对风险管理事件形成报告，在共享中心上传并存储，从而扩充财务共享中心的风险事件处理记录。风险管控方案的制订需要公司业财部门共同参与，财务人员立足于业务一线视角进行问题发现，并基于专业财务技能尝试提出解决方案，业务部门根据实际业务需求做出补充，当风险管控方案敲定后要在实际中不断进行持续完善和优化。在公司财务共享中心系统后台，要对风险事件处理记录进行分类，在发生类似风险事件时能够实现对之前记录的及时调取，从而实现对风险管控能力的进一步优化。

为实现财务全要素风险管控模块的构建，还要在平台上建立数据池，将公司运营过程中的成本费用类别要素进行涵盖。根据公司运营过程中的实际需求，从数据池中抓取相关信息，快速定位业务记录中的时间、费用、经办单位等重要数据，以分析报表的形式呈现。数据池在要素抓取方面具有独特优势，尤其是用于财务管理范畴，能够极大提升系统信息对称度，充分实现信息抓取定位。并且能够减少财务管理过程中基础分析的工作量，实现运行效率的优化。在实际操作过程中，可以通过共享中心对子单位人员差旅费用进行提取，按照住宿费用和交通费用进行分类列举。基于不同系统数据的融合，在子单位与集团之间形成互补态势，对差旅人员的考勤和差旅记录进行分析，并以此延伸对于不同出差人员标准补助方面的相关信息，从考勤到客户接待，从住宿到交通，从而实现差旅业务的智能化稽核。通过对相关成本费用的稽核管控，为公司费用管理打下基础，可以对业务事项费用进行合理判别，平衡系统之间可能存在的信息差，并且能够有效实现不同单位的信息交互及对称。在财务全要素风险管控模块构建时，要以公司经济审计效率及质量的提升为基本目标，加强内控测试准确性，实现风险控制能力的优化。

(二) 加快资金结算管控模型升级

在财务共享中心中打造资金结算智能化管控模式，作为风险管控模块的重要组成部分，减少公司财务信息质量风险事件的发生。基于公司财务信息的关键地位，财务共享中心要通过推出业务定期检查活动，不断提升会计信息质量水平。针对已经提交并上传存档的单据，要展开不定期抽查，发现问题单据落实相关责任人。通过财务共享中心业务处理时间和单据统计，了解共享中心当前客户满意度情况，并以月度、年度等为指标，对一些关键数据进行持续性监控。

财务共享服务视角下深入推进公司业财融合，优化财务管理质量，以稽核模型为支点，建设资金结算智能化管控模型，并与当前合同管理系统、影像扫描系统和 ERP、OA 系统等进行交互开发，嵌入财务共享中心中，使得公司经济业务实现全方位监察。公司在日常经营活动的开展过程中，相关费用受到市场、成本等因素的影响较大，还存在一些人为方面的影响，可见资金预算把控具有一定难度。为此，需要对预算管控理念进行培养和落实，提升应对各种经济类隐患的能力，充分考虑当前可获得的财务信息进行信息数据的预测，并对预算计划严格执行。在这个过程中，要将资金预算计划的时限和市场外部环境变动等要素纳入考虑，提升风控决策的准确度。业财融合工作中进行资金风险管控并不仅是进行资金管理，也不单纯是业务和财务的叠加，而是风险管控、财务管理和公司资源配置的多要素融合。资金结算管控模型的升级是实现公司智能化财务管理的重要手段，在处理合同结算和款项支付业务时具有明显优势。在公司业务部门发起合同结算申请时，财务共享中心人员可以就单据信息在平台中进行查询比对，是获取有关待结算单据与公司预算口径的相关记录，并且了解当前公司现金流管控的实时状态，对进行该笔结算付款业务中可能蕴含的风险要素进行预判，给出风险预测评级。同时，财务共享平台能够自动生成关于合同方的测评模型，对本次业务流程进行智能化评价，并为公司进行承包商评估、商业合作资质对比及债权优化等业务提供决策建议。资金结算管控模型的建立和不断完善，为公司实现经济业务监管优化和战略目标渗透提供有利条件，捋顺公司财务管理秩序，服务于公司经营目标的实现，最终推动公司业财融合向深层发展。

（三）重视财务共享系统的安全性维护

创建多业务领域大数据交互运算分析的共享平台财务全要素风险管控模块还要着重考虑多业务实际，引领公司组织架构调整工作，不断推动业财融合的深入发展。在目前人工报账模式中，财务管理相关工作仅凭一纸发票进行，有关财务核算工作缺乏精细化，并且相关业务呈现分散性特点，不利于系统间的交互以及公司风险的有效把控，在应用于多业务领域时常显乏力。为此，财务共享中心需要开辟报账管理制度的优化模块，创建能够适用于多业务领域的大数据分析平台，对公司风险要素进行有效管控。在风险管控模块影响下，当公司业务部门的报账需要增减时，必须服从公司标准流程的规定，进行有关业务的办理，从而实现财务活动的规范。而组织架构的调整升级能够实现公司管理向扁平化管理转变，将公司的生产、研发、销售等业务部门有机连接，减少因交互不畅导致的成本增加。

在风险管控模块的建设过程中，要注意公司系统运行的安全性威胁因素，注意财务共享中心系统安全性维护，尤其是避免因拒绝服务、非法使用等原因造成的系统破坏，以及黑客攻击等引起的信息泄露。信息系统作为财务共享中心的核心，其网络安全对财务共享中心的正常运营具有重要影响。由于市场环境复杂多变，市场既存在良性竞争，也存在相当规模的恶意破坏，一旦公司财务共享中心的完整性和安全性遭到威胁，公司大量的会计核算基础业务将无法进行，阻碍公司的正常经营秩序。一些信息的泄露尤其是客户信息、核心交易数据等关键信息等，会导致严重的后果。因此，公司必须重视财务共享系统的安全性维护，使共享财务系统既能够实现对多业务领域的大数据交互分析，加快推动公司业财融合进度，又能够及时进行维护工作，防止非法用户对核心信息进行篡改或者盗取，维持系统安全与稳定。公司上下都要树立信息系统的风险防范意识，从管理层到普通员工，都要加强关于风险防范和有关知识的学习。注重数据保护工作，对一些关键数据进行加密，并养成重要数据备份习惯，减少数据丢失造成的损失。对于信息系统维护和财务管理的关键岗位，要配备明确的职责分工，并为不同的岗位分配不同的账号，岗位人员作为账号使用人，也是第一责任人，绝不可轻易将账号信息进行透露。风险管控模块的构建要以事件驱动为基准，发挥计算机程序的驱动作用，为业务数据交换和传递提供安全保障，为业务与财务的一体化融合筑牢根基。对于风险管控模块而言，不仅要依靠大数据运算分析技术，还要围绕具体业务部门和具体人员工作内容，以实际需求为依托，实现对不同业务的监督与保障。

四　搭建人力资源支持平台激发融合内生合力和深入融合外生动力

搭建人力资源支持平台，激发融合内生合力，深入融合外生动力主要体现在针对业财融合需求优化人力资源储备、有效利用人力资源优化的外生动力以及积极开发多元化人才培训途径等方面。

（一）针对业财融合需求优化人力资源储备

财务共享服务视角下深入推进业财融合，要重视公司财务共享中心建设和财务管理转型工作缺乏相应人才的现状。通过人力资源支持平台，盘活人才储备库，结合内生与外部双向动力，优化人才素质供给，投入公司财务管理优化工作中。优化人力资源支持，要将人才培养制度落到实处，培养公司储备人才梯队，尤其加强对各级管理干部的培养，带动干部积极进行思想转变。通过为管理人员提供丰富的专业培训体验，构建复合型干部培训小组，有针对性提升干部素质。在培训课程中，不仅要涉及有关公司生产经营的相关知识，还要涵盖市场发展趋势与前沿信息，让干部培训小组组员能够丰富专业知识储备的同时，掌握目前经济发展形势，了解有关市场政策，对市场发展方向做出准确预判。加强有关管理知识和财务共享发展趋势的学习，培养一批能够深度认同公司文化，以公司发展为己任，以深化管理为行动目标的储备人才，对业财融合发展和财务共享具备基本认同感，能够在日常工作中积极学习，加快自身能力的转变，保持充分的工作热情，具备数据信息处理能力和财务管理能力。

随着行业发展，公司人才需求方向也已经发生转变。在信息化时代，公司财务部门人员既需要具备财务相关的专业核算能力，又需要具备财务管理的相关理念，并且能够适应大数据及信息技术发展趋势，能够独立进行信息系统的业务操作。在优化公司人才资源储备的过程中还要考虑业财融合岗位的特殊性，针对业财融合的要求，展开岗位模型分解工作。将业财融合岗位中所需要的各项能力进行分析，并与当前人才素质情况进行比对，为人才的选拔和培养提供有力依据。为优化公司员工思想建设，结合公司发展目标和战略愿景，将业财融合的深度推进和实现公司高速发展相结合，将业财融合和财务管理质量优化放到公司核心竞争力打造和战略目标的层面上。加快落实业财融合具体指标落地，将业财融合的推进贯彻到具体部门具体人员，明确权责对公司子单位负责人、各业务部门设置合理的考核指标项目，将业财融合的推广效果与单位绩效相挂钩，与薪酬奖惩制度相结合。培养适应业财融合发展趋势的财务部门专业人员，以大数据开发和应用作为重要课程，并配合多元化的考核手段，实现目标人群的专业知识与技能水平提高。要加强人才沟通交流，落实公司业财岗位轮岗制度，引导相关人员在实操经验的积累中接触大数据技术和财务共享，了解不同岗位的运行流程，加强岗位间的共频共振。

（二）有效利用人力资源优化的外生动力

人力资源的支持平台不仅要从公司内部现有团队的培训优化入手，还要积极开发人力资源优化外力因素，通过对外招聘新人才为公司业财融合发挥外生动力的推动作用，引领公司业财融合的深度进行。业财融合的逐步推进是公司管理秩序的持续性优化过程，为实现公司的可持续发展，除积极开展公司内部培训及储备干部培养工作之外，还要开发人力资源优化的外生动力，通过优秀人才引进，提升人才队伍对业财融合的适应度与了解度。当今社会需要的人才是具有创新意识的复合型人才，为此，公司可以通过与用人市场的连接，发掘市场上具备对财经发展和业财融合认识并且能够熟练应用大数据信息技术等专业能力的人才。公司自身通过强化实力，构建有竞争力的薪酬制度等，吸引外部人才加入财务共享模式的构建。另外，针对业务部门、财务部门等不同的用人需求，需要对人才能力模型做出进一步分析，按照统计分析、税务核算、风险管理等不同的能力模型构建人才招聘计划。对新引进的人才配备一系列快速成长计划，帮助专业人才能够快速熟悉公司运作模式，投入业财融合岗位发挥作用。启动新进人才系列培训项目，加快入职后的再学习，积极培养复合型跨领域人才，在公司运营实践中进行所具备理论根基的演练。例如，在财务部门进行有关财经和税务的学习，在业务部门实际操作物流管理和相关数据分析工作，或者在风险管理部门学习有关设备自动化和工程建设的专业知识等。

为贯彻公司财务管理人才培养目标，可以设置财务共享服务中心驻点，为财务共享服务中心人员与公司内人员建立沟通渠道，使公司业务部门人员初步建立关于财务共享中心运作流程和原理的了解，也使得财务共享中心的相关人员能够更加精准获取有关公司业务部门实际需求的有关信息，在关联中找寻推进公司业财融合向深度发展的发力点。为迅速实现人才培养转化，从思想上引导相关人员建立业财融合意识，优化有关公司财务管理的相关认识，可以通过多元化的公司内训、项目外训、经验分享会和座谈会等形式，逐渐使公司后备人才群体实现思想转变，建立共享服务意识，加快打破传统工作模式思维的限制，实现服务意识的提升。在思想转化的基础上，相关人员可以立足于财务管理的专业视域，发现业务部门流程中可能出现的问题，寻找更能与业务部门实现高效沟通和解决问题的路径，打造业务型财务新角色，加强关于专业技能的培训，在实际工作中能够实现业财融合意识与专业财务管理能力的结合，及时发现问题、解决问题，并且能够以预防问题的角度开展财务工作。

（三）积极开发多元化人才培训途径

公司在进行业财融合专业团队构建的过程中，既要积极挖掘内部潜力人才，又要吸纳外部优秀人才，由内外部人才共同组成人才储备库，参与业财融合的推进工作。创新人才培训模式，积极开发多元化人才培训途径，实现人力资源优化与升级。对于人才储备库，要积极提供各种培训成长途径，以多元化的培训路线实现人才能力的塑造，如由公司管理层进行理论和经验的口头传授、召集公司优秀员工进行经验分享与交流、从外部聘请专业培训教师进入公司通过讲座的方式进行授课以及组织公司参与培训人员到外部授课学校进行学习等，这几种模式都可以从实际角度为培训人员获取经验分享，引导培训人员建立业财融合意识，学习先进做法。由公司管理层进行口头传授，能够更加贴近公司实际，并且引发培训人员关于自身职业发展规划的相应思考。召集优秀员工进行分享与交流则是帮助培训人员提供相同或类似岗位中的优秀做法参考，引导他们见贤思齐。从外部聘请专业培训教师举办讲座能够从专业角度分享一些通用知识，而组织公司参与培训人员到外部授课学校进行学习则有利于保障学习和培训的效果，强化记忆，并营造良好的学习氛围。培训模式既可以突破公司内培训的限制，又可以为公司人力资源培训提供新的灵感，还可以为培训员工提供更加多元化的培训机会。互联网时代，财务共享模式不仅是一种工具，也代表了公司财务管理发展的先进理念，对公司学习能力形成一定的考验。公司在发展过程中势必会遇到一些阻碍，并且还面临激烈的市场竞争，为此，必须优化自身管理秩序，加强对业财融合发展趋势的认识，并不断累积实践经验，加快公司财务管理向智能型、标准化过渡。公司要积极开展学习，找寻自身不足，加快理念转变，打造适应时代发展趋势的优秀队伍，实现人力资源支持。以公司共享服务模式构建为目标，公司自身可以加强与市场上实力公司的沟通，从成功公司在风险管控和决策支持方面的做法中汲取养分，结合公司自身实际，不断优化管理成效，建立从公司经营到制度升级的全方位管理体系。

五 相关业务流程优化

相关业务流程优化主要包括费用报销流程优化、采购付款流程优化以及销售收款流程优化等方面。

(一) 费用报销流程优化

费用报销流程优化是业务流程优化的重点之一，要实现公司费用报销流程的优化，首先要对当前费用报销流程存在的不合理现象进行系统性梳理，充分听取业务部门和财务部门等人员的意见，了解他们在工作过程中就费用报销环节可能面临的各项问题，再结合财务共享平台功能进行针对性改进，从而为业务部门和财务部门工作人员提供便利，优化公司业财融合质量。从目前费用报销流程看，业务部门需要报销费用时，需要登录共享平台，填写费用信息，包括申报类型、事由、具体金额等内容，并将各项原始凭证进行扫描上传后提交。而随着信息化系统的升级，财务报销流程可以进一步优化，打造互联网差旅系统并且与公司信息化系统连接，使得财务报销流程可以通过互联网差旅系统进行，这样员工只需要将相应的费控软件下载至移动设备中，就可以随时进行费用报销的申请。具体操作为登录软件账号，勾选住宿或者交通费用项目，并将电子发票进行上传。当所报销款项与员工可报销标准不一致时，费控软件可以进行自动判断，使报销数额申请符合公司报销规定。通过费用报销流程的优化，员工只需要利用碎片化的时间就可以完成相关费用的报销申请，并且避免了由于不熟悉报销要求等原因填报不规范而驳回重新填写的问题，节省了业务部门和财务部门的时间，减少两部门间不必要的冲突。另外，费控软件和信息化系统的结合可以帮助员工自动识别费用类型和进行发票验真工作，并提供实时查询端口，可以让业务人员了解报销进程。

从财务部门人员角度来看，费用报销流程的优化和信息化系统的升级能够帮助财务人员实现工作量的更科学规划，不需要就同一单据的细节与业务部门重复沟通，也减少单据驳回的概率。并且在系统中配备工作量记录工具，财务人员的工作状态和单据数量可以在系统后台中显示出来，便于财务人员更合理地规划工作内容，明确当前未审核单据的数量，针对系统平台已悬挂单据中时间较久的可以开展迅速处理，优化财务工作效率和单据审核质量。另外，费用报销流程优化还需注意系统操作的各项细节，如票据移交标志、单据交接状态按钮等问题，提升标识辨别度，避免由于细节不足而引起的重复审核或者移交不成功等问题。为此，可以在信息化系统中通过状态节点进行明确标识，并从制度方面进行辅助优化，将优化后的各项细节更新到公司费用报销标准流程中，并适时建立费用报销流程反馈机制，针对费用报销流程中可能出现的各种问题开放反馈窗口，帮助员工顺利进行费用报销，从而实现费用报销流程的标准化、便捷化和高效化，并且有效地提升员工工作积极性。

（二）采购付款流程优化

采购付款流程优化是简化公司采购付款流程、提升运行效率的重要手段。当前公司采购付款流程的主要需改进点在于合同发票方面，需要提前将纸质发票进行移交，财务人员才能够进行核算确认工作。另外，一些公司的采购流程较为烦琐，中间环节的审核耗费时间和精力较多也是采购付款流程优化的重点之一。为此，在财务共享服务视角下深入推进业财融合可以增加会计核算系统与合同管理系统的关联，并开放相关文件扫描上传渠道，从而保障合同、发票等相关材料可以实现线上流转，避免业务人员需要频繁到财务部门移送材料，以及材料不合格驳回后重新提交审批的弊端。需要立足于财务岗位工作流程，既需要保障财务核算功能正常运行，又可以从流程优化的角度，参考费用报销单的材料移交流程，将材料前置移交改为定期收集上交，节省业财部门人员的时间，发挥无纸化办公的优势，提升公司运行的整体效率。

采购付款流程在应付发票方面也需作出相应优化，主要就是传统财务工作内容中处理应付发票时需人工匹配的部分，这部分会造成财务人员工作量的增加，并且延缓了工作时间，不利于提高效率。为此，在财务共享服务框架下，采购付款流程可以添加自动化处理模块，减少人工匹配的比例。可以通过影像系统对相关票据信息进行采集和上传，在货物入库的阶段由储运部门将相关信息进行输入和自动匹配，以此实现账物的迅速匹配。对于匹配不成功的入库信息，系统自动驳回，以此达到减少手工操作和人工匹配的目的。在采购订单货物入库时，库管人员需要将采购发票和入库货物的实际数量进行比对，确认无误后在系统中进行提交，从而保障系统的自动识别和匹配，并传递至财务部门进行审核。这样的操作流程可以将信息化系统的功能实现最大化，并且有效优化财务人员的工作效率。能够实现入库货物的迅速定位，在系统自动识别驳回不匹配订单的功能基础上，又能够减少财务部门人员的工作量，使公司采购流程更加科学高效。

针对当前采购流程烦琐的具体问题，可以发挥信息化系统的智能化职能，明确采购付款流程的标准化操作，由需求部门提交申请单据，选定新增或者已有的供应商，进行系统录入。上述单据提交至财务共享中心后，由财务共享中心进行三单匹配工作，实现采购单、库存单和发票的匹配，并生成付款流程，由信息化系统生成记账凭证，提交至主管进行审批，通过审批的付款流程可以直接通过银企系统发起付款。采购付款流程优化能够有效节省公司成本，提升效率，尤其是应付账款流程再造，减少人工核对将财务人员从繁重的基础工作中解放出来。另外，智能化付款流程既能够保障付款流程的闭环，又能够实现自动记账等功能，实现公司对采购付款活动的整体把握，深化公司的业财融合程度。

（三）销售收款流程优化

销售收款流程优化更多涉及一些细节内容，当前在推进公司业财深度融合过程中销售收款流程亟待优化部分的重点在于在收款账户维护提交后无法落实已收款项方面。发生以上问题的原因主要是业务部门在销售初期，在收款账户的维护阶段存在一些信息录入错误的情况，或者将一些未生效的合同进行了重复录入等操作，这些信息没有被审查出来而直接提交至财务部门，在系统后台进行存档后费用供应商信息就无法进行修改。当财务部门接收款项时，就容易出现由于业务部门建档信息有误而收款无法落户的情况，而此时由于收款户资料已经提交无法修改，财务部门必须将已经录入的信息进行冲销操作，然后由业务部门修改后重新提交建档，才能够顺利收款。这样的操作流程具有许多弊端，如付款方已经付款但财务部门迟迟无法入账导致业务无法进行，继而引发客户信任危机，影响公司形象的后果，此外由于重复提交审批收款方资料，也增加了财务部门的工作量。

在销售收款流程优化时，应加强对于初始信息的检查力度，或者增加复核环节等，以预审核的方式进行收款方资料的核查，尽量避免由于业务人员填写错误而提交收款方信息导致的无法接收款项问题。另外，还需从制度方面进行进一步明确，实现公司收款流程的规范化管理，作为系统升级优化的辅助手段，向公司相关人员提出具体操作要求，保障业务流程的顺畅运行。可以通过考核制度中各指标的确认，减少主观方面的输入误差，优化业财融合深度，达到降本增效的目的。在销售收款流程优化过程中，还需要针对应收账款的管控进行相关优化，主要包括客户关系管理和经营状况信息收集等方面。当销售部门接收到客户订单时，需要通过客户关系管理模块对客户经营情况进行预估和评分，在订单确认后发起预收款流程，通过信息化平台确认债权情况，客户付款后再进行相关收款审批，生成账龄报告。通过对应收账款的管控优化，能够实现销售收款可控化程度的提升与客户信息的科学管理，帮助公司规避风险。面对评分不同的客户，可以灵活选择付款期限，减少坏账风险。有效优化收款效率，将合同管理和应收账款进行挂钩，减轻财务部门人员人工核对匹配的工作量，从而实现公司处理应收款项的能力。

六 构建业财融合信息系统

构建业财融合信息系统主要包括财务共享平台与税务系统融合、财务共享平台与影像系统融合以及财务共享平台与合同管理系统融合等方面。

（一）财务共享平台与税务系统融合

从财务共享中心运营情况来看，财务共享中心对公司内部各业务系统的互通存在阻碍，系统数据传递并不顺畅，依旧维持着相互独立的状态，将系统中产生的相关数据以分散状态保存在各系统服务器中，形成信息孤岛。财务部门人员想要获取这些信息，就需要登录不同的系统进行数据导出。为此，要深化公司业财融合，就需要打通财务共享平台与税务系统的壁垒，通过在各个系统中加设数据接口，实现公司内业务信息的共享，以统一的业财融合平台进行运作，避免财务人员登录不同系统导出数据而引起的效率低下现象，减少对不同系统导出数据差异进行核查溯源和比对的时间。另外，由于公司实际运行过程中业财沟通的不顺畅，有时还会存在财务信息与业务信息更新不一致的现象，如果工作人员没有意识到当前单据状态异常，就容易导致税务风险的发生。为此，就要加强财务共享平台与税务系统的融合，帮助公司财务人员把握办税优惠机会成本，提升业财融合质量。

在传统财务部门岗位工作中，财务人员要进行税务发票录入之前需要登录财务系统，在业务部门提交的发货单据基础上在系统中通过手工进行录入，这种录入模式具有两大弊端：一是录入效率慢导致开票时间较长，开票量受到一定程度的限制；二是手工录入容易出现差错，一旦出错需要将发票作废重开，进一步拖缓开票效率，对公司待开发票数量也产生一定影响。将财务共享平台与税务平台进行融合之后，税务系统得以嵌入公司财务共享中心中，相关业务发货信息就可以在财务共享平台中实现自动导出和填写，既提升了开票信息填写效率，又避免了因手工填写而出现的误差。当业务部门人员将相关业务票据和单据上传至财务共享中心后，财务部门人员发起单据影像扫描流程，将业务单据进行自动识别，并生成新的电子票据，实现了业务、财务及税务的有机统一。

这时，财务共享中心的 OCR 技术板块可以发挥作用，将业务单据中的相关信息进行提取后转换为文字内容，并自动将数据通过两个分支进行上传：一个分支是财务共享中心服务器存档；另一个分支则是税务系统中。此时，财务人员可以进入财务共享平台查询报账单审批状态，成功审批之后可以自动填报税务报表。如报账单审批不通过，则财务人员可进行手动复核，进行再次关联和审批，直至完成认证，进入进项税填报阶段。

整个流程可用于公司成本分析和财务核算，充满了自动化和智能化的特点，使得公司的流程效率得以实质性提升，并且极大限度地保障了数据的准确性。在财务共享平台的流程链条作用下，可以利用业务关联功能快速定位所需信息，实现对相关业务数据的追踪。

（二）财务共享平台与影像系统融合

影像系统在公司业财融合过程中发挥着重要作用，其主要功能就是将业务部门产生的各项重要票据进行扫描、上传和处理。上传后的影像可以供工作人员随时查阅，并且以此作为报账和存档的重要依据。加强财务共享平台与影像系统的融合能够保障相关业务单据的准确传递，并且对优化公司运作效率具有一定意义。在影像系统升级作用下，相关业务单据和信息的扫描和传输得以更高效快捷的进行，并且能够保障录入准确性。通过影像系统的扫描功能，业务部门在相应业务完成之后，可以将生成的发货单据和发票等信息作为原始凭证在财务共享平台中上传，以电子票据的形式在系统中进行流转。这时，灵敏的影像系统就能够为其他需配合部门人员提供有价值信息，尤其是数据转化和提取功能可以帮助相关人员在不同系统中使用单据信息。财务共享平台与影像系统的融合使得财务部门人员处理应收应付业务流程更加简洁，也为业务人员进行费用报销等业务提供了实际便利。

对于影像系统而言，相关影像的提取和传递，以及信息转化是三个最核心的功能，影像系统能否发挥作用，适应财务共享平台的要求，推动公司的业财融合程度就要看影像系统的核心功能区域。

为此，要加快进行财务共享平台和影像系统的融合，开发影像系统关于影像采集和传递，相关参数设置和安全保障的功能。其中，要保障影像系统的核心功能区域，就需要积极开发 OCR 字符识别技术，实现影像系统与财务共享平台的顺利对接。另外要开放 RPA 机器人自动化技术，在 OCR 字符识别技术的基础上，既能够保障影像系统关于影响提取和信息传递的需求，又能够基于业财融合的实际需求，进行相关票据鉴别和跨系统流转工作。通过系统内设的影像技术，将相关业务单据信息的录入和提取以自动化形式进行，与人工操作相比在时间上有充分的优势。并且，在 OCR 光学字符识别技术的作用下，相关单据进行扫描上传后可以将文字内容进行提取和识别，继而自动生成下游单据进行录入，减少了人工录入的误差。在公司实际业务运作过程中，既可以帮助业务部门实现快速单据定位，又为财务部门人员提供自动信息录入的便利，实现了单据中产品规格型号、价格、数量等关键信息的自动录入。

财务共享中心与影像系统融合后，相关业务人员首先在系统中发起票据上传流程，将相应的业务单据进行扫描，影像系统可以自动辨别单据真伪，通过验证的单据可以自动生成电子票据和报销单等下游单据，并由信息提取技术自动提取扫描影像中的关键信息。所生成的单据经领导审批后上传至财务共享中心确认，由财务共享中心自动生成凭证，并完成影像的归档。整个流程在 OCR 和 RPA 技术基础上运行，能够对公司业财融合效率提升发挥重要作用。

（三）财务共享平台与合同管理系统融合

当前公司运行过程中合同管理的主要难点就是管控阶段，如何提升合同管理透明化程度，优化合同管控质量，是公司在新的历史发展时期需要重点思考的问题。合同作为重要业务凭证，是一切业务运行的基础，也是公司合理进行风险管控的关键。为此，要加速财务共享平台与合同管理系统的融合，既要优化合同管理的质量，又需要提升公司合同管理流程效率，不断细化业务管理，加强部门间互动，对各项业务实现动态监控。

财务共享中心与合同管理模块融合之后，当公司业务部门与客户和供应商保持前期良好沟通，确认需要新增销售合同或者采购合同时，提交审批之后，将合同上传至管理系统中，由管理系统对合同内容包含货物名称、数量、金额以及付款方式等信息进行审查之后，将相关的信息进行识别和提取，并自动生成预开票流程。根据合同类型及客户情况，系统将按照地区、客户等要素对合同进行分类管理，并上传至财务共享中心。当财务共享中心接收到新增业务合同流程后，通过关键信息提取生成债权债务单据，并且自动关联对应的付款单据和销售业务流程等，并及时核销预付款和应收账款流程，制作相应收款凭证。财务共享中心与合同管理系统的融合能够将公司的合同管理工作以完整链条的形式进行，保障相关数据传递的完整性和准确性，提升合同管理流程的透明性。另外，电子票据和凭证的流通突破了传统合同管理工作中纸质合同的限制，避免了业务人员需要频繁递交纸质合同造成的资源浪费，减少了业务合同跨系统流转所需的时间，并且更容易迅速定位相关单据，优化了公司整体的合同管理质量。

在财务共享中心与合同管理系统融合过程中，要将相关流程再造细节经过充分试运行之后再上线，并且要提前组织业务部门人员进行培训，从而减少流程再造过程中可能遗漏的部分。合同管理流程要结合公司自身实际，对无效环节予以去除，从而实现系统减负。在新的合同管理系统上线之后，要积极开放反馈渠道，根据公司运行实际和变动对流程进行重新梳理，实现流程管控质量的不断优化。另外，还要加强对财务共享组织架构的管理和更新工作。财务共享的组织架构应当根据公司发展呈现变化动态以及公司战略方向及时调整，财务共享中心要实现与合同管理系统的有机融合，树立公司资源整体视角，从财务共享中心与其他系统的交互过程中寻找公司经营发展方向，以组织架构优化为契机，深化业财融合进程，打造财务管理标准化流程。

七 基于大数据分析的业财融合优化

基于大数据分析的业财融合优化主要包括基于大数据分析的全面预算管理优化、基于大数据分析的客户风险管理以及基于大数据分析的成本管控优化等方面。

（一）基于大数据分析的全面预算管理优化

在业财融合趋势影响下，基于大数据分析进行全面预算管理优化，就是要突破传统预算编制模式的限制，利用大数据技术整体获取相关业务数据信息，其中既包括来自公司内部的计划信息和历史数据，又包含外部环境相关动态信息，将这些信息整合之后生成预测模型，对各子单位的数据进行对比测算。预算管理关系到公司的生存发展，与公司所有部门和工作人员都息息相关，也是公司资源分配的重要依据。要深化公司业财融合，发挥预算管理对达成公司经营战略目标的支持作用，就要基于大数据分析进行全面预算管理优化。财务部门虽然可以调取业务部门数据，但对外部市场环境并不了解，出于激发公司市场占有率提升、销售额目标达成等立场，只能沿用业务部门的预算提报计划，不能正常发挥对公司预算管理的作用。

因此，要加快进行预算管理优化，在大数据技术的基础上，对业务部门的数据进行精准提取，并收集关于行业发展和市场环境的价值信息，将往年数据、市场信息、竞争对手研究报告甚至学术论坛相关讨论及预测都进行集中分析，与业务部门提报的预算计划进行比对，能够有效优化预算管理的准确性和科学性。其中，全面预算管理面向公司所有的经营投资相关活动，为实现公司发展战略而服务，自规划、执行和反馈三个部分中全程贯彻。在公司进行全面预算管理优化的过程中，要将预算管理与公司业务水平相结合，通过对当前业务总量和费用情况的分析，自下而上进行价值信息的收集和处理，最终呈现出公司经营的整体战略，并以此为基础进行公司资源的划分。传统管理模式下，公司预算管理的编制是在对往年基础财务数据进行分析的基础上，结合从各部门收集的相关信息进行整体预算计划编制，通过设定增减调整具体百分比进行年度预算的更新。在预算管理过程中，还要加强关于执行过程的监管，严格预算实施，并在财务共享中心系统中进行单据预处理，使报销系统能够与财务系统实现有机融合，对预算外支出进行严格审查，并对预算出入较大的部门进行预算计划复核等工作，使公司预算管理质量得以保障。在预算管理优化的基础上，系统中设定的数据模型可以动态监控预算执行情况，对超预算费用自动标红，有效进行财务管控。在科学预算管理手段的作用下，公司预算管理的透明度和执行度能够获得实质提升，并且公司管理秩序将更加优化。

（二）基于大数据分析的客户风险管理

客户风险管理是公司风险管理的重中之重，公司需要提升客户风险管理能力主要是由于客户或者供应商违约风险的存在，从而导致一些合同可能无法如约交付的现象。其中，供应商违约风险主要包括货物交付延误等情形，而客户违约风险主要包括尾款支付不及时、伪造付款凭证等情形。在传统公司运营过程中，客户风险管理基本依靠业务人员和财务人员的经验进行。但有时业务部门为了业绩往往忽略了潜在风险，而财务人员虽具有丰富经验，但由于对市场环境了解较少，导致风险管控的能力有限。传统公司运营模式中，风险管理质量较差，当客户出现违约现象时，公司往往面临利益受损。由此可见，公司出于保护自身合法权益的目的，必须加强客户风险管理，提升公司风险管理质量。可以基于大数据分析进行客户风险管理优化，利用大数据技术，挖掘更多的非结构化数据进行风险分析，既能够掌握公司内部的交易数据信息，又能够从社会大数据中获取所需记录。在大数据技术的作用下，公司可以调取客户相关信息，并主要关注客户在以往交易行为中的各项记录，从其中判断是否存在潜在风险。大数据技术不仅可以挖掘结构化信息，也可以挖掘非结构化信息，提升了所需信息的可信度。通过对客户相关交易信息的挖掘，能够更加全面了解客户的购买习惯，分析客户违约的概率，并根据大数据分析结果对客户交易进行决策，从而实现对公司风险的有效管控。

公司的客户风险管理质量与应收账款管理质量息息相关,许多公司由于市场竞争、客户黏性打造等立场,缺少对客户违约风险的精准判断而提前进行发货操作等,导致业务款项无法及时收回,从而发生坏账。坏账不但不利于公司的资金运转,还对公司利益产生潜在威胁。因此,利用大数据技术及时采集客户交易资料,对客户行为进行精准分析,能够有效帮助公司规避客户违约风险。在业财融合背景下,要加强信息系统与其他子系统的融合,实现不同系统之间信息的交互和提取,从而为客户行为分析提供更多的有价值信息。其中既应当包括客户以往采购交易记录,又应当涵盖付款时间及金额台账等,另外还可以查询客户以往是否具有违法违规记录等。将采集到的信息使用大数据信息工具进行整合,建立决策树,对客户行为进行分类和呈现,预测客户信用等级。一旦发现客户信用评级较差时,业务部门就需要提前与客户沟通,争取更为严格的付款条件,并在账期到期之前提前与客户联系进行款项的催收。当客户信用评级较优时,则可以适当给予账期支持,以提升客户黏性。对客户风险进行合理管控,是优化公司风险管控整体能力、增加客户黏性、提升市场竞争力的重要手段。

(三)基于大数据分析的成本管控优化

成本管理不只属于财务部门,而是涉及多个公司部门,为此,成本管理相关理念不但需要在日常财务管理工作中加以落实,还要以公司全员责任体系为依托,将成本管理的重要性和相应的激励措施渗透到全体员工层面,同时为各部门设置考核项目,督促各部门践行公司关于成本管理的流程再造,建立成本管控意识,加强成本管理工作的多部门协同,从而实现公司整体成本管理质量的维稳。公司进行成本管理质量提升可以预判公司成本增长情况、把握公司资金流方向和实现公司优势资源合理配置,优化成本管理水平能够有效帮助公司打造成本优势,发掘公司管理优化过程中新的发力点。在公司进行成本管控优化工作的过程中,要加快树立财务部门人员对现代化成本管理必要性的认识，培养使用大数据分析工具进行成本管理的习惯，通过对各种费用成本的构成进行分析，出具全面、系统的成本分析报告。并从提效增速的角度发掘当前公司成本管控的潜在可优化点，为公司利润水平的提升提供有力保障。为此，基于大数据分析的成本管控优化可以从成本价值挖掘入手，由公司财务部门人员从公司成本结构中准确定位各项成本价值，并分析降本增效的潜在点，提升公司成本优势及核心竞争力。

  基于大数据分析技术，公司进行业财融合深化的过程中，进行成本管控优化，可以提升公司各项成本价值的透明度，针对成本情况进行费用支出预测也将更加精准。为此，要加快完善有关成本管理的基本理念，将成本管理定额在财务共享平台进行自动设置，将各业务的成本耗费情况开放查询按钮，使各部门能够通过平台查询业务成本数据，打造成本管理共享优化模式。基于成本管理的预测性质，成本管理中也蕴含一定的风险因素，要加强成本管理系统中的审批流程维护工作，从线上和线下审批流程的完善降低成本管理风险，明确相关权责，特别是审批与权力权责的分化，实现成本管理优化。公司成本管控优化可以以大数据技术为基础，将成本项目进行分类，并对各项目成本价值进行分析，从纵横双向进行数据比对，并且建立业务监控的多个角度，不断丰富成本核算的相关指标。通过成本报表，公司可以直观了解当前各成本项目的情况，实现成本管理质量优化。另外，可以开发大数据技术成本费用预算模型，在业财融合的过程中将各项费用进度透明化，并且通过成本模型的升级，将成本费用支出进度关系进行深度匹配，从而实现费用控制，完成公司降本增效的目标。

第四章　财务共享有效运行的保障：内部控制

财务共享模式给公司内部控制的环境、风险、控制活动、信息沟通以及监督等方面带来了诸多影响，财务共享下内部控制存在诸多问题，如机构设置不合理、财务共享系统与风险评估结合不紧密、业务流程不完善以及信息安全性有待提升等诸多问题，建议从建立实施全面覆盖的内部控制体系、统一财务共享与内部控制管理标准、更新系统审计流程、完善内部控制流程与财务信息系统、加快财务职能转变以及构建绩效评估体系等方面来保障财务共享有效运行。

第一节　财务共享模式给内部控制带来的影响

财务共享模式给公司内部控制的环境、风险、控制活动、信息沟通以及监督等方面带来了诸多影响，如图4-1所示。

一　对内部环境的影响

在传统的公司财务管理方面，公司整体的财务工作分散到了公司的下属机构当中，因此在具体的财务事项管理和资金分配当中都有着自己的管理体系和制度，不利于总公司的整体把握，这种子公司建设适合自身公司的管理方式的现象，使得公司在发展过程中很难对于所有机构和分支体系进行全局的把握，也就导致公司的内部

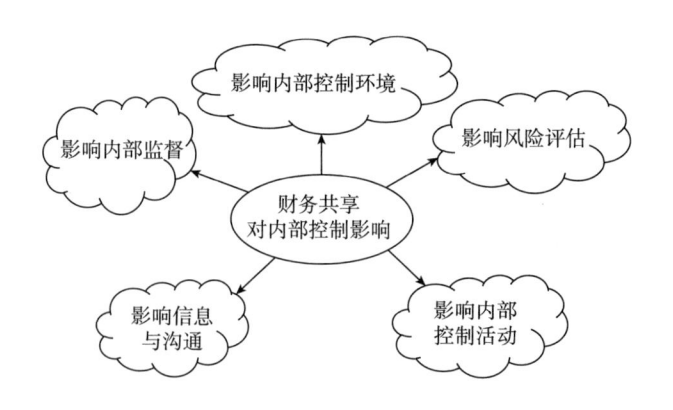

图 4-1　财务共享对内部控制影响

控制程度弱化，公司凝聚力不强，而在财务共享模式的具体实施中，无论是财务的集中化、科学化管理，还是资金的中心处理和统一管理，都帮助公司更好地建设整体单一的财务管理制度体系，进一步地了解公司的目前管理现状，提升了在财务管理方面的工作效率，实现了公司内部控制程度的提升，以及公司内部控制制度的建设。无论是整体控制还是单一流程业务的节点控制，都能够掌握在公司的管理层方面，在具体业务实施当中，如果业务出现了偏差和问题，公司可以通过线上共享中心帮助员工提出相关业务处理的问题，使得公司的工作人员能够按照系统规范的流程处理相关的内部业务，帮助公司对接业务处理审批全过程，提升对内部财务管理的控制程度。当然，在内部控制集中程度加强的基础上，采用共享模式也有一定的消极影响，正是由于公司的统一管理和信息技术的大量运用①，使得公司在财务共享模式运行过程中，如果信息处理上网络技术出现问题，则会导致在网络监管不严的情况下，一些公司通过财务共享模式的运行，虽然提高了正常情况下的内部控制程度和财务效率，同时也增加了公司面临的财务风险，这不仅仅

---

① 见申艳：《编制权责发生制下的政府综合财务报告探讨》，《中国产经》2021 年第 4 期。

导致公司数据和业务面临泄露的风险，也同时为公司整体形象带来严重的威胁，因此，在财务共享模式提高公司内部控制程度的基础上，公司也要不断加强信息技术的安全保护程度以及局域网的保障程度①。

二 对风险评估的影响

在风险评估方面，由于整个公司通过信息技术保障整体财务共享模式的运行，使得公司在具体业务的分配上主要由相关职能部门负责，因此在定量分析时可能会导致数据出现重复的现象，使得一些运用财务共享模式的公司在风险识别上需要耗费大量的资源，这就需要公司在风险评估方面建立更快速、更高效的制度，通过线上和线下相结合的模式，合理运用财务共享模式的优势。同时，财务共享模式也会导致内部控制的风险应对不完善，由于公司管理层需要合理地防范公司风险，在财务共享模式下，公司内部控制凝聚力，加强公司领导层的决定，能够对公司产生极大的影响。因此，在管理层决策出现问题时，公司的整体战略方向会出现偏差，在风险应对上就显得相对薄弱，因此公司应该更好地提升管理层的专业素养以及对于信息的处理能力，减少公司发展的阻碍因素，促进公司的创新与进步。

三 对控制活动的影响

在控制活动上，财务共享模式会导致财务方面职权分离不到位，由于流程的精简和效率的提升，权责不明可能会导致公司在财务审批和资金管理出现舞弊的现象，职权分离不到位的问题也是财务共享模式下内部控制面临的主要问题之一。此外，财务共享模式可能会导致内部控制的考核制度不合理，由于线上制度的建立，导致了一些员工的工作内容被线上流程精简，就使得一些员工的工作成果没有明显的体现，公司的考核制度并不能判断出每个人的完成程度

---

① 党娜：《基于大数据的高职院校资助育人新型模式探析》，《电子元器件与信息技术》2021年第11期。

和具体的对公司产生的价值，因此这就导致一些优秀员工得不到合理的晋升，最终导致公司人才流失，因此，在考核制度的建设和正确晋升路径方面，公司应该基于财务共享模式，对于内部控制制度进行合理的完善。

四　对信息与沟通的影响

在信息与沟通方面，由于效率的大规模提升和凝聚力的加强，导致公司一味地追求高速而忽略了高效，这就使得信息资料得不到合理的处理，影响财务共享中心没有发挥应有的效率和作用，因此，在业务处理方面，需要各部门加强沟通，在财务共享的基础上，通过对人才的引进和相关员工的培训，使员工能够更快更好地处理相关资料和信息，适应信息化的处理速度和效率，更好地投入公司的工作当中[①]。

五　对内部监督的影响

公司的内部监督对于公司发展来说至关重要，只有内部有合理的监督制度和审计制度，才能够应对公司未来可能出现的风险，而在财务共享模式下，过度地依赖信息技术的处理，在风险应对上出现偏差，因此，具体的风险和内部监督方面，公司可以设立专门监督部门，保障信息安全从而规避风险。

第二节　财务共享模式下内部控制存在的问题

财务共享下内部控制存在诸多问题，例如机构设置不合理、财务共享系统与风险评估结合不紧密、业务流程不完善以及信息安全性有待提升等诸多问题，如图 4-2 所示。

---

① 牟振华：《企业财务共享服务中心运行问题及优化策略》，《商业观察》2021 年第 11 期。

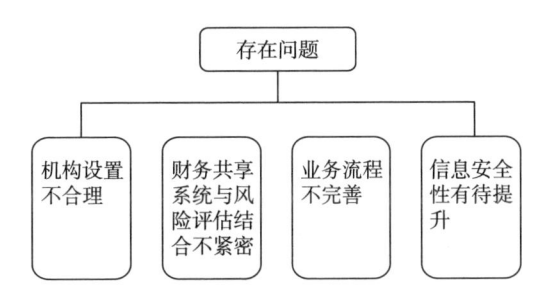

图 4-2　财务共享模式下内部控制存在的问题

一　机构设置不合理，不利于风险评估工作的开展

机构设置不合理，不利于风险评估工作的开展，主要体现在原有组织框架不适应财务共享模式的转变、原有人力资源结构不适应财务共享模式以及部门之间沟通机制不适应财务共享模式的转变等。

（一）原有组织框架不适应财务共享模式的转变

在财务共享模式下，内部控制主要存在机构设置不合理的问题，在组织框架上，由于公司从传统财务模式到财务共享模式转变，在组织流程上必须对于运行和发展进行一定的调整，无论是管理权限的分配，还是财务人员的管理和培训，都需要以财务共享模式的发展为指引，而在目前的财务共享模式运行当中，由于机构设置不合理，导致了会计核算等流程出现问题，使得财务管理模式运行效果未达到预期，公司财务人员的工作内容也是公司需要考虑设置的组织框架问题，如果对于工作人员没有合理的工作内容安排和工作目标的制定，很可能会导致在内部控制中出现人员对于机构设置不满等情况。因此，在公司的财务机构设置方面，需要结合公司发展现状，针对员工需求和公司未来发展方向制订合理的规划，建设科学统一的财务共享体系，此外由于机构设置不合理，风险评估工作没有办法得到有效的开展。

在现有的财务共享模式当中，公司在内部控制方面没有建设很好的风险评估制度，在具体的业务工作过程中存在一定的不足。在财务共享模式当中，由于机构设置的不合理导致了一些工作人员认为自身工作较为枯燥，不适合自我的发展和价值的实现，同时受到外界因素的影响，进一步导致公司的内部控制工作无法实现预期，就目前来看，一些公司的财务共享模式下，会计工作人员的综合素养和专业能力并没有适应风险评估下的快速运转效率，因此在风险评估效率得不到保障的同时，财务共享模式下内部控制也没有得到合理的保障，会导致评估出现偏差等问题。在财务共享模式下，财务核算仅仅由财务共享中心进行线上的数据处理和业务审批，因此，在信息系统中，如果出现了规则或原则性的错误，则会导致公司的整体风险加大，这种单一机构设置已经不适用于目前公司的发展，因此这种不合理的设置应该结合公司现状进行更正，从而提升工作处理效率以及部门协同合作的推动效用，同时，一些财务人员习惯了线下审批的工作流程，导致财务共享模式没有得到合理的落实。

（二）原有人力资源结构不适应财务共享模式

公司内部机构设置包含多个方面，其中对公司未来长远可持续发展产生最主要作用的是人，因此，人力资源的结构化标准是否明确清晰，是否能够适应公司的发展模式和发展战略，这对于财务共享模式下公司的内部控制分析来说具有重要的作用。对于技术管理人员，专业理论人员等技术专员的引进名额较少，大部分的员工主要由各个公司、地方的公司、原有的财务人员构成，其中不乏很多年龄较大的工作人员，这些人虽然拥有一定的工作经验，但是对于财务共享模式下公司的内部管理和控制缺乏一定的技术能力和理论基础，对公司在适应财务共享模式发展等多个方面产生阻力。除此之外，这些老员工对于新兴技术和新兴事物的接受能力相较于年轻员工来说，仍然存在一定差距，主要表现为接受能力和投入实际能力欠缺，该公司正是由于在人力资源结构问题上的不足，导致很多员工仍然只专注于原有的工作岗位和工作内容，而忽略了对于新兴事物和新兴技术的研究，导致很多员工对公司内部新的业务板块熟悉度不足。而构成公司的各个部门之间，正是由于这些问题导致整体工作效率低下，使得部门与部门之间的配合日益困难。部分财务人员认为在财务共享模式下，公司内部管理和控制需要投入更多新型技术，他们所欠缺的是这些相应的技术能力和管理经验，在原有的工位上完成熟悉的工作并不能够提升个人能力，也不能有进一步的个人发展空间，在财务共享模式下的新型业务流程，通常需要足够高的信息处理能力，而财务人员长期负责一些基础性的简单工作，反而不能够达到岗位与人员之间的最佳适配，长此以往，单一枯燥的工作内容和工作方式也使得更多的财务人员选择离职，从而投奔更具有升值空间和挑战的工作岗位。

以财务部、采购部、工程部和一线门店为调查对象，有关人员通过深入调查公司近五年来的员工离职率发现，财务部的离职率占调查对象之首，并且呈现出逐年递增的趋势，影响公司的正常运营与未来的长远可持续发展，如果任由这种离职现象继续，那么将来很有可能给公司财务发展带来严重打击。

由此可见，人力资源结构问题并不仅仅影响到公司内部的财务人员，还因此导致财务共享服务中心的整体服务质量大幅降低，公司或将面临用更有吸引力的薪酬聘请专业的财务人员，而且也会给公司本身的发展成本带来一定的压力，对于公司未来培养管理层员工和技术型员工来说，将会带来一定的压力。

（三）部门之间沟通机制不适应财务共享模式的转变

除了人力资源管理方面的问题外，公司在财务部门与各个部门之间的沟通和交流仍然存在障碍，尤其是与业务部门之间沟通度不足，常常因为信息等问题，导致两个部门之间工作效率低下，降低了公司内部在财务共享模式下的内部控制与发展效率。除此以外，语言的交流与沟通问题，对于该公司在财务共享模式下的内部控制与发展同样存在阻碍，由于该公司所涉及的业务范围较广，遍布全球多个国家和地方，受到语言的限制，在一定程度上造成了公司内部的财务工作人员对于信息理解的偏差。同时，为了尽可能地提高工作效率，不同地区的公司通常会选择不同的语言，进行工作和文本标注，而这也使得最终审核人员对于信息之间判断的差距，由于不同财务人员对信息的理解不同，有可能会导致最终的理解和判断，与原本的报账人员存在一定的出入，这也在某种程度上加大了公司内部的财务风险。

尤其是对于一些小语种国家来说，由于缺少相对应的小语种专业翻译人才，导致公司在这些国家的发展速度仍然较为缓慢，发展对象主要将目光放在了欧美市场，而忽略了东南亚等市场的发展进程，让不同地区的公司与公司之间沟通交流产生阻碍，对公司内部在财务共享模式下的信息沟通和理解产生影响。

二 财务共享系统与风险评估结合不紧密，风险管理能力较弱

财务共享系统与风险评估结合不紧密，风险管理能力较弱主要体现在公司内部本身的风险评估系统不完善，相关技术管理人员的风险规避能力不足以及公司风险规避机制不完善等方面。

（一）公司内部本身的风险评估系统不完善

财务共享系统与风险评估，二者看似没有非常紧密的关系，然而，如果风险管理和评估系统出现问题，那么将大大影响财务共享系统运行，在财务共享模式下，财务共享系统与风险评估之间联系紧密。公司目前主要将风险类型划分为两个方面：一个是内部风险；另一个是外部风险，而对于这两种类型的风险也进行了进一步的细化。这其中的内部风险主要通过分析和研究公司内部在业务，管理等多方面的问题，整合业务风险与管理风险，这其中又包括操作风险、票据风险、应收账款风险、人员风险、信息风险以及系统风险等多个方面，该公司会定期根据公司的发展状况不断进行完善。而外部风险主要是依据市场和社会相关法律法规的信息，包括政策风险与法律风险，这其中又包括各项法律法规与相关政策。该公司对于这些内部与外部的风险虽然有了明确的划分，但是在风险评估方法方面却缺少相对应的规定，导致在风险出现和发生的第一时间不能够及时地采取相关应对措施。

（二）公司内部的相关技术管理人员的风险规避能力不足

除了与公司内部本身的风险评估系统不完善有关之外，还与公司内部的相关技术管理人员的风险规避能力和水平挂钩，相关技术管理人员的能力不足，导致该公司对于风险的反应能力相应下降，不能够及时地识别出现有的风险类型来自内部环境还是外部环境。随着公司的不断发展，所涉及的业务也在不断地得到拓宽，因而将会面临来自多个方面内部和外部的各种风险，这也将会直接导致公司的财务风险提升，不利于公司财务共享模式的长远可持续发展。部分公司员工对于公司的业务风险和管理风险的具体事项存在疑问，尤其是针对具体的风险来源和相关应对措施，缺少相应的经验和理论基础，与公司对员工的能力培训等多方面有一定的关系，直接导致了工作人员对这些具体风险事项的断层，尤其是对操作风险、信息风险、票据风险三个方面的内部风险来说，部分员工不能够有效区分这些风险的区别，缺少相关的解决问题的经验和渠道，公司对于这些员工的考核同样存在问题。

从外部风险来看，仍有部分员工对在财务共享模式下的内部控制与管理方面的相关法律法规与政策存在空白，尤其是当前行业内较为重要的几项法律法规，有关技术人员和工作人员对这些法律法规的熟练程度和运营程度都存在不同程度上的问题。公司内部的工作人员作为公司运营和发展的主要动力来源，如果不能够很好地了解公司内部风险和外部风险的情况，以及在面对这些问题时如何有效化解危机。那么，对于公司长远发展来说，必然会带来消极影响，公司如果想走得长远，仅仅依靠管理层还远远不够，只有充分调动起所有基层员工的工作动力，确保有专业的技术和能力化解风险，才能够最大限度上促进公司完善风险评估系统，提升风险应对能力。

（三）公司风险规避机制不完善

从整体来看，对标市场一线的龙头公司，该公司在对风险各个流程的把控方面仍然不够严谨。公司内部的财务共享系统为风险管理提供保障，通过向市场和社会进行广泛的信息收集与分析，将不同类别风险进行统一管理和信息整理，在公司相关部门的专业人员的指导与配合之下，分析问题，提供解决方案，在最大限度上规避风险，不断完善公司内部的风险管理系统和财务共享平台。如果公司内部的相关工作人员的风险管理能力较弱，那么将会直接导致财务共享系统方面的漏洞。对于不同类别的风险管理之间的分类，以及相关风险识别等问题的完善，将财务共享模式引入公司信息管理和控制当中，聘请相关专业人员，设计了一系列的风险评估体系和管理办法，按照相关要求对整体流程进行评估，结合市场环境和相关政策，了解风险政策并及时进行把控，享受到财务共享模式的红利，相较于原有的工作模式，财务共享模式下的业务种类需要工作人员采用更加便捷、更加高效的工作方法，避免由于风险叠加带来的各种危害。

三 业务流程不完善，凭证处理不够及时

业务流程不完善，凭证处理不够及时主要体现在现有业务流程不足以支撑财务共享模式、业务流程不畅降低了财务运行效率以及没有树立财务共享服务理念等方面。

（一）现有业务流程不足以支撑财务共享模式

业务流程不完善，公司的流程体系虽然在跟着公司内部发展以及外部环境的变化而不断地进行完善，但部分相关业务流程的具体操作与公司实际的发展速度并不匹配，尤其是财务共享模式的发展带动之下，使得该公司的管理模式得到迅速的发展，相较于公司建立之初的单一和传统来看，公司现有的业务流程已经不能够支撑新型的财务管理模式，尤其是当前的市场竞争越来越强烈，结合当下市场发展的特殊情况，如果仍旧依照以往的业务流程和业务发展模式，那么很有可能会错失当前财务共享模式发展的重要时期。在公司财务共享模式运营下，各部门财务人员，在申请流程的过程当中，处理效率过于低下，经常出现超出原有公司内部规定的固有预算金额，或无法在预定范围内预算金额支出等问题的出现，这也直接

影响后续相关审核人员的工作，降低整体的流程处理效率。公司在处理预算流程时，经常出现无效报账的问题，公司整个流程体系的设置不完善，在一定程度上影响了公司整体财务流程处理的效率。

（二）业务流程不畅降低了财务运行效率

通过实时查看和共享相关财务资源，需要在拥有一定的财务凭证之后，才能够进入下一步的审核环节，而这也就导致了只有公司内部的审核人员才知道具体的财务流程进展到了哪一个阶段，而这个阶段存在什么样的问题并不能够得到及时的发现和解决，往往只有进行到了最后一步，相关审计技术人员才知道整个财务流程进程当中可能存在的问题，这样更新不及时，有一定信息时间差的申请流程模式，对会计服务质量和服务效果造成了一定的负面影响。在整个财务流程结束之后，经常会收到来自流程申请人，甚至是来自供应商的不满和投诉，这其中不仅包含了对业务流程效率低下的控诉，同时，也有很多供应商反映所接受到的服务，在质量上并不能够得到最大的保障，部分供应商提出，应当大力提高公司内部审核人员的工作标准，对相关技术人员加以考核，尤其是在财务共享平台上进行服务和工作的各个部门的工作人员来说，在每日进行基础工作及对相关财务业务和相关数据进行工作审核时，应当加强部门与部门之间的沟通与联系，避免信息差，如果对于财务报表上的审核标准存有疑问，要严格遵循财务共享平台的流程和标准，严格按照流程执行工作和任务，从而在最大限度上避免出现不符合规定的情况，在一定程度上减少大量退单的情况发生。

（三）没有树立财务共享服务理念

以报账业务工作内容为例，公司的凭证处理不够及时，也与公司内部财务人员的专业素养直接挂钩。针对财务共享模式下的内部控制与分析，有不少工作人员只能够掌握财务共享模式下内部控制与分析的相关技术，主要倾向于内部控制与分析的技术手段，而忽略了财务共享这一部分的能力要求，大部分工作人员，认为财务共享模式，需要用足够科学合理的信息化平台，在专业人员的指导之下,充分调动自身的技术水平和财务知识,并将这些有方向的信息投入流程的实施过程当中。然而,事实情况是,该公司内部的相关共享服务中心的工作人员并不能够用专业的能力胜任其各自的岗位,尤其是对于一些年龄较大的员工来说,学习新的知识和技术对于他们来说有一定的困难,这就导致在处理信息和财务凭证时,往往会习惯性地选择传统的旧方法,而忽略了财务共享模式下各种新兴事物带来的便利,对于财务人员工作调动的安排,以及当前需要对接的信息技术任务出现了一定的抵触情绪,而这对于该公司在财务共享模式下的发展将会产生很大的影响。值得注意的是,该公司内部并没有针对这些老员工在财务技术能力方面的新型绩效考核标准,这里的新型绩效考核不同于传统的客户信息调查与反馈以及问卷测试,这两种方式,而是更加倾向于与客户之间一对一的沟通与交流,通过深入的交流帮助客户了解自身利弊,在最大限度上保护财务共享服务中心财务人员的权益。

四 信息系统的安全性风险

信息系统安全性问题主要体现在信息系统外部建设和信息系统内部沟通这两个方面,信息系统作为一个大的架构,其中包含各个小的分支,而涉及该公司在财务共享模式下的信息化管理问题方面时,应当着重提高信息系统当中保密系统这一部分。公司的部分员工没有意识到保护公司信息文件和公司内部财务共享中心的核心价值和主要作用,通过非正常的手段进行信息传播,而忽略了公司信息安全的重要性。尤其是在信息化技术发展如此迅速的今天,应当明确信息保密工作,对于一个公司未来,稳固发展的重要性认识不足,以及保密系统对于整体信息系统建设的重要性,不仅不利于加强公司的信息化系统科学建设,给信息系统带来诸多安全性的风险和隐患,还不利于加强公司内部员工之间的凝聚力。公司对于财务信息的使用不够充分,一般来说,财务报表和报告工作往往能够帮助提供给公司的管理层更多的参考意见和战略调整的依据,帮助该公司在调整工作方向和整体运营战略等问题上出谋划策。需要大量的财务资金支持去进行项目研发,从而帮助该公司能够得到长远可持续的发展,然而部分投入到了研发费用并没有充分化作相对应的创造价值,给公司未来的价值创造并不能够带来实际性的影响。公司的管理层并没有表现出明显的调整技术研发策略的意愿,公司内部工作人员所提供的财务报告缺少深入的了解,为公司未来的战略发展埋下了隐患。

从上述信息系统外部建设和信息系统内部沟通这两个方面的问题和隐患可以发现,这其中难以避免的最终还是沟通方面存在的问题,在财务共享模式运行之下,利用财务共享服务中心作为整个公司内部沟通和外部联系的重要桥梁,帮助公司内部工作人员整理和分析各项财务数据和财务报表,并最终汇总整合到各个子公司的相关业务部门。在这个过程当中,就涉及各种各样的因素,需要在保证足够高的数据处理效率的同时,致力于完成部门与部门之间的信息同步,在最大限度上确保能够顺利完成和开展整个完整的财务工作和流程,然而,该公司内部的信息沟通系统构建存在漏洞,导致内部的共享服务中心工作人员仍然采用传统的打电话或发邮件沟通的方式,大大降低了整体的工作效率,也经常会由于信息处理不及时,导致部门与部门之间的矛盾与纠纷,长此以往,采取这种低效率传统单一的沟通模式不仅不利于及时处理信息,发现问题并解决问题,还不利于构建一个和谐宽松的工作氛围。

第三节 加强内部控制保障财务共享有效运行

财务共享模式给公司内部控制带来了诸多影响,财务共享下内部控制也存在诸多问题,基于此,建议从建立实施全面覆盖的内部控制体系、统一财务共享与内部控制管理标准、更新系统审计流程、完善内部控制流程、完善财务信息系统、加快财务职能转变以及构建绩效评估体系等方面来保障财务共享有效运行，如图4-3所示。

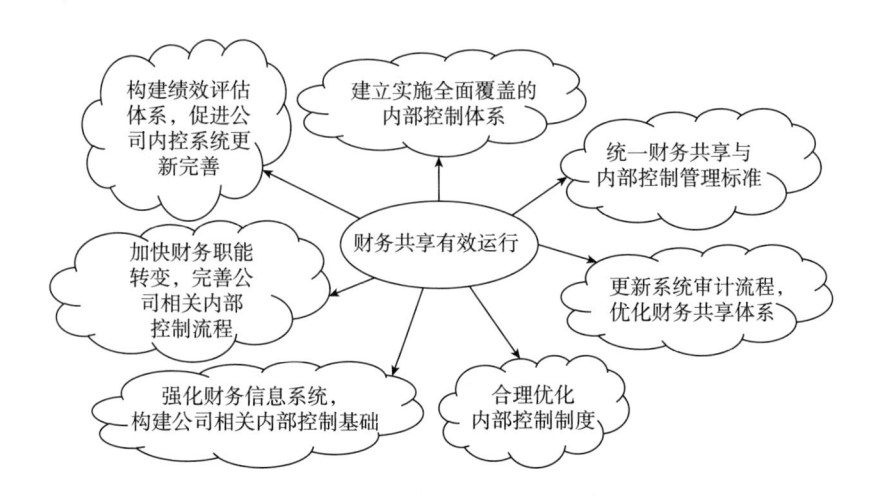

图4-3　加强内部控制保障财务共享有效运行

一　建立实施全面覆盖的内部控制体系

建立实施全面覆盖的内部控制体系主要包括优化公司内部的控制流程、优化费用报销流程以及通过再造总账的业务控制流程，细致划分不同层次的业务工作等方面。

（一）优化公司内部的控制流程

财务共享模式下的公司内部控制体系主要是依照财务共享中心的发展阶段为基础，以预订目标为标准不断调整偏离度，使公司内部的相关财务资源和配置能够得到最优化的利用，因此，建立和实施全面覆盖的内部控制体系对于公司优化财务共享中心来说具有重要意义，此外，还可以借此契机，不断提高公司内部工作人员的沟通与交流效果，促使部门之间能够紧密合作，从而提高工作效率，并最终实现公司的战略目标。针对部分公司内部仍然存在财务凭证缺失的状况，公司应作为财务共享模式的主要执行主体内部的财务共享中心需要在各个项目和合同签订之初就对各项信息进行严格地把控，通过初步的审查和后续的一系列科学选择，筛选出符合条件的合同和项目，确保合同及相关订单信息符合收费标准，在保证信息完整性的同时，避免影响后续的收款程序和进程。通过严格的初审，不仅可以避免公司内部的部分业务人员由于技术或其他原因导致的财务凭证不完整等问题，还可以促进相关人员提供完整的合同信息和相关票据以及收据等。公司的相关财务部门在初审的基础之上，再次审查合同并进行后续的收付款核销工作，将完整的信息数据传达给相关的财务对接部门，并严格按照合同的要求进行具体的收付款核销工作，在进行核销工作的过程当中，需要严格按照相关流程处理业务，发现存在问题，要及时联系相关业务负责人，确保账户信息与实际要求一致。相关业务部门需要对这些合同和信息进行实时存档，确保已经签署达成的合同按照一定的标准进行划分，并最终形成一套完整的体系并归档，在后续出现问题时可以及时找到档案，有效解决问题，避免不必要的矛盾与纠纷。

（二）优化费用报销流程

针对部门与部门之间分支结构报销费用不及时的问题，可以通过优化各个分公司的费用报销流程，不断简化筛选出核心要素，抓住几个主要的关键点：一方面，公司内部相关财务部门的管理人员需要对来自内部工作人员和客户的发票进行初步的审查核销，从开始的费用报销申请到相关业务负责人的发票，最终对这些纸质的或电子的信息进行严格的审查，避免出现差错。需要着重关注业务负责人所提供的发票是否属于本公司内部所规定的报销范围，如果超出了公司规定的报销范围，那么统一不予报销，针对一些特殊的情况，可以根据业务负责人的报销理由进行合理的界定，明确任何报销发票后得来的报销证明单，都需要与公司所规定的报销范畴一一对应，严格按照相关规定并要求相关业务负责人在报销单中添加个人电子签名，将这些信息进行汇总，为下一步的审核提供相关证明。在进行财务复审的过程当中，公司内部的财务人员将初审合格的报销单进行再次审核，确保相关信息符合公司报销标准，充分借助公司的财务共享中心平台，有效核实发票的税号，并将发票的相关信息移交到具体部门进行辨别真伪，通过上述一系列的严格审查，在所有信息都确认无误后可以进入下一环节的报销支付工作。针对部分实物发票需要严格审核与实物发票相关的信息，如果出现发票丢失或发票上的信息与实际信息不对等的情况，那么则需要按照这些问题所对应的标准，采取相应措施通知公司内部相关人员补开或直接按照退单处理。

（三）通过再造总账的业务控制流程，细致划分不同层次的业务工作

总账系统的运行方式与其他系统较为不同，总账系统通常来说运行机制更加复杂，尤其是在业务流程划分方面，需要涉及应收账款数据库，应付账款数据库以及报销业务数据库这三个总账系统的数据库信息，而总账业务控制的流程主要是通过对数据库当中的数据进行统一的划分与处理，将相关数据代码一一对应到与之匹配的数据库当中从而获得数据，并将这些数据纳入总的账单模块当中。而后续相关的财务人员也会根据这些数据对照公司内部划分的标准，合理科学地分析与研究公司每个月的总账数据信息。总账系统数据库通常采取自动化的运行模式，不仅可以帮助公司的领导层和管理层更加方便快速地查阅有关信息，尤其是与公司账单和财务报表相关的信息，还能够有效解决各个子公司之间由于受到时间及语言等的限制，化繁为简，可以将更多的精力投入数据库，完善和数据建设方面，有效解决内部控制体系工作效率低下的问题。帮助公司创造更多的经济价值。

二　统一财务共享与内部控制管理标准

统一财务共享与内部控制管理标准主要体现在完善流程标准化以及通过提高整体财务运行流程的均衡性等方面。

（一）统一财务共享与内部控制的管理标准

统一财务共享与内部控制的管理标准涉及多个方面，其中包括整体运行流程的标准化、均衡化等问题，针对整体的内部控制管理流程的体系，需要进一步提升改善。要根据公司内部财务状况发展

的实际情况，结合在财务共享模式下运行的具体情况，分析财务共享管理标准以及内部控制的管理标准，建立出一系列科学合理的流程评估体系。除此以外，为保证最终得到的数据符合管理标准且具有持续性的发展价值，能够符合公司未来的财务发展战略，需要保证整体的流程评估结果的客观性与真实性。应当了解所运用的方法是否能够在各类业务流程当中起到作用，尤其是在管理标准制订的计划前期以及后续执行方面的各类问题，在每次循环当中了解到有可能产生的问题，以及面对这些问题应该使用的方法，如 PDCA 管理循环方法，计划涉及立项计划方案，以及制订具体的实施计划，在执行部分需要按照计划实施进行开发与测试，并注重员工与专业技术人员之间的交流与沟通。注意流程的改进与升级，同时优化问题解决处理的办法，最后再检查部分要注重方案的有效性，关注到项目完成以及目标达成的效率问题。

除此以外，值得注意的是，公司应当着重对预算整体流程的优化，可以通过对各个分公司，每个季度或月度的具体费用，有选择性地进行细化整理与分析，确保对于大小额支出的费用能够集中归纳，可以更加灵活、更加快捷地在根据公司内外部环境变化调整预算额度，缩小预算偏离度。统一财务共享与内部控制的管理标准，需要对公司在财务共享模式下各个阶段报账类的流程提出分段化的管理，避免出现无效报账的情况发生，在严格的审批流程之后再进行下一部分的加签审批工作。

(二) 完善流程标准化

财务共享模式有效运行更加规范的管理制度，凭证不规范、流程选择错误以及供应商信息不准确等问题依然是财务业务处理不规范的主要体现，需要加强对公司内部员工在财务共享相关理论和知识技能方面的培训，通过提供给各部门员工定期培训和参加相关技术活动的机会，通过相互学习的方式向专业人员进行技术培训，并在培训结束之后进行一系列相应的考核，将考核的结果纳入员工整体的绩效评判指标当中，通过与薪资报酬相挂钩，提高员工对于整体学习与培训的重视程度与在财务共享模式下对于相关流程标准化问题的业务能力。公司所接收的各项表单需要严格按照公司划分好的业务类型进行细化分析总结，严格按照原有的流程操作，避免由于操作不熟悉或操作错误带来的各种影响，推进整体流程标准化的建设。对于供应商信息质量的审核与鉴定同样影响着统一财务共享与内部控制的管理标准制定，需要不定期地核查供应商所提供的相关数据信息是否属于最新的信息，并根据实际情况以及公司未来的发展方向进行合理的调整。

（三）通过提高整体财务运行流程的均衡性

避免流程数量分布不均衡可以有效提高财务共享平台相关工作人员业务处理效率，尤其是在面对一些紧急情况时，可以设立紧急流程的特殊处理办法。部分公司工作人员的劳动强度出现不均衡的状况，主要表现为年龄较大的员工，工作压力较小且所接触的项目与工作较为清闲，而中年阶段的工作人员普遍压力过大，导致业务流程数量分布不均衡的问题，需要定期上述报账时限的要求，有效避免这一问题的出现。此外，完善任务池系统的分配与管理功能，有选择性地聘请专业人员，对原有的系统逻辑规则进行分析与研究，了解其中不合理的地方，不断增添和完善更加科学合理的系统逻辑规则，重新分配财务共享与内部控制的流程，并将这些任务完成量与员工的个人薪资严格挂钩，大大减少由于财务单据堆积带来的负面影响，从整体层面上大力提高财务共享模式的工作效率。

三 更新系统审计流程，优化财务共享体系

更新系统审计流程，优化财务共享体系主要体现在实施具有协同性的绩效考核方式以及采用多样化的评价方式等。

（一）更新系统审计流程

从实时实施的内部审计开始。实时的内部审计与原本传统的审计模式不同，能够更加系统地帮助公司完善内部监督的体系，充分利用现有创新型审计模式当中的实时审计方法，这种审计方法需要

对公司的现有财务共享模式进行事先评定,了解公司是否具备相关的实施标准,从而将审计纳入实际运行当中,需要对存货进行一对一的编码,这不仅可以让公司内部的工作人员在有需要时,及时找到所对应的存货,也能够在后续公司共享服务中心系统当中找到这些存货的编码,并进行实时监控与了解,在此过程当中,无论是该集团哪一个分公司或者是分公司的哪一个部门,选择了某一编码的存货,都可以在财务共享服务中心的系统当中实时查询到这一编码所对应的存货,只需要在使用之前,向有关部门进行申请,就可以通过系统平台本身设定的渠道选择想要使用的存货。这一模式既有效解决了公司内部审计滞后的问题,又能够进一步保障公司相关绝密信息和相关文件的安全,避免财务信息泄露。

(二) 实施具有协同性的绩效考核方式

能够有效地帮助公司实现科学合理的内部控制,对组织和各部门管理提出的具体要求进行细化与量化,得到一些量化的标准作为整体绩效考核的衡量标准,不仅可以提高员工整体工作效率,有效监督内部工作情况,还可以满足公司内部对于系统审计流程的要求。从客户角度来看,对公司内部各个部门的员工进行评价,不仅针对评价所在部门的工作状况,还有对整体公司的服务质量,包括与管理层之间的关系以及与供应商之间的沟通与交流状况,在沟通交流的过程当中,反映各自的问题。值得注意的是,公司内部的工作员工在与客户沟通过程当中,应当注意个人的言谈举止,明确个人所代表的不仅仅是个人形象,而且代表着公司的整体形象,注重选择合适的交流与沟通方式,在帮助客户解决问题的过程当中,尽可能地站在客户的角度分析问题、解决问题,用自身的专业素养和综合素质,提高公司的整体形象。在提升员工服务意识的同时,也能够帮助公司营造出客户满意的形象。

从公司内部运营的角度来看,对于员工的考核,贯穿整个工作的全部过程,不仅仅考核某一个部门,而是考核公司的所有分公司的所有部门,从内部运营的角度来看,这将会给公司带来一定程度上的挑战，然而，伴随着挑战而来的将会给公司成长带来一个质的提升，无论是内部员工的职业技能，还是整体的综合素质，都可以得到一定程度上的提升。职业能力范围较广，其中包括员工在业务处理方面的能力，涉及业务处理数量以及这些业务的难易程度等问题，因此，公司应当着重加强对员工综合素质提升的重视程度，通过优化财务共享的体系，让更多员工有机会了解更多的技能与工作方式，有效提升风险识别能力和风险应对处理的能力。公司在财务共享服务模式下，无论是制订工作计划，还是给员工布置相关任务工作时，都应当在关注员工现有工作能力和工作水平的基础之上，有选择地给员工布置在现有发展水平之上的业务工作，不断调动员工的工作积极度。

（三）采用多样化的评价方式

这主要是由于公司在财务共享服务模式之下，内部控制的评价方法相较于传统的评价方法来说，应当更具备多元化和多样化，原有的评价方式已经不能够满足现有的系统流程，如果想要推动系统设计流程的进一步更新与完善，则需要利用多样化的评价方式，通过个别访谈、实地勘察等的方法，切实验证员工对于内部控制等业务处理的实际效果。优化财务共享体系，需要关注公司内部控制的评价主体，在审计的环节当中，应当严格按照原有的标准，重视最终评价结果的公平公正的问题，充分利用财务共享服务中心的便利，对公司内部的审计实施监察与管理。在审核工作过程中，公司内部的管理层需要事先预留下评价的底稿，在评价过程当中，所涉及的工作人员以及整体评价的具体流程和主要内容，无论是评价的指标还是评价的结果，都应当符合公司制定的管理指标，以此作为发展契机，不断帮助财务共享服务中心提升和改进。公司在进行内部控制建设活动时，对于整体的控制情况，应当事先做好记录，避免在后续需要查询相关信息时出现信息空缺或漏洞，从而不断完善整体的内部控制建设。对于更新系统审计流程来说，随着公司未来的不断发展以及整体行业环境的变化，仅仅停留在现阶段的审计流程和审计方式来看是不够的，公司应当注重对于更新系统审计流程，通过管理层与员工之间的紧密连接，根据公司内部和外部的环境做出及时调整，从而制定出更具备专业性和权威性的系统审计流程。

四　合理优化内部控制制度

合理优化内部控制制度主要包括建立学习型的组织、适当增加业务领域等方面。

(一) 建立学习型的组织

公司财务共享服务中心不仅仅能够给公司未来发展带来帮助，还可以通过建设学习型组织，帮助员工逐步形成主动创新学习理论知识和专业技能的意识，并通过集团内部员工集体学习和锻炼的机会，在此过程当中，不断鼓励更多的员工融入集体学习的氛围当中，利用线上财务共享服务平台和线下的集中学习，不断的沟通和交流。解决公司文化匮乏的问题，通过树立良好的公司文化，不断增强公司员工之间的凝聚力，对于财务共享理念以及相关服务理念的理解，打破原有的思维方式，融合创新出新型的服务理念，着重加强团队建设，从公司的发展目标和发展方向来看，如果员工缺少凝聚力和对公司本身的文化等方面的认同感，则会导致整体的工作效率不高。除此以外，值得注意的是，在财务共享模式的发展之下，财务共享中心通常伴随着较为频繁的员工流动问题，而且也会对员工适应环境带来一定的挑战。因此，通过加强团队建设，营造出轻松和谐的工作氛围，帮助流动员工尽快适应不同的工作环境，迅速进入应有的工作状态，并能够在后续的工作与生活当中顺利融入公司当中。

公司可以通过组间休息活动、团建活动等方式，合理地宣传公司文化，树立公司团结凝聚的精神，彼此之间交换心得体验，以此帮助员工之间增进情感交流和工作交流，同时也可以借此契机加强员工与领导层之间的沟通与交流，进一步帮助公司发现问题，解决问题。还可以通过参加工会活动和志愿活动的方式，体验不一样的团队氛围。还可以聘请相关领域的心理专家，帮助员工解决心理健康问题，尤其重视员工的身体健康，培养员工树立积极向上、开朗乐观的心态，形成正确的价值观和职业观。

（二）适当增加业务领域

公司财务共享中心具备的业务板块主要包括费用报销、应收账款、应付账款等核心内容，主要是与公司财务工作相关的一系列活动，容易忽视结合公司自身情况与外界环境差异的相关活动，不能充分发挥财务共享服务中心的优势，所开发的项目比较传统单一，可以适当增加业务领域，根据公司内部与外部的需求，最大化地发挥财务共享服务中心的优势，对工作人员从财务共享中心收集的财务数据和相关财务报表以及应收账款、应付账款等的信息，从这些信息当中归纳和整理分析出对公司未来发展会产生影响的各种因素以及问题，尤其是各个分公司，应当着力发现业务部门的工作漏洞，从而为公司的发展带来更多的战略支持。由于公司的审计部门与财务部门之间联系并不紧密，可以利用财务共享中心的各项优势建立相应的审计平台，对从财务共享中心所收集来的信息进行专业的审计分析，提升公司在财务共享模式下的工作效率，适当地将部分预算管理内容和工作引入财务共享模式当中，促进公司财务共享发展规范化。

五 强化财务信息系统，构建公司相关内部控制基础

强化财务信息系统，构建公司相关内部控制基础主要包括不断完善财务共享服务中心信息系统的建设、重视财务报告信息价值以及构建以人为本的沟通机制等方面。

（一）不断完善财务共享服务中心信息系统的建设

通过加强信息安全建设，构建公司相关内部控制基础，公司在财务共享模式下需要着重重视数据安全与财务信息安全等，尤其是在运用财务共享中心的过程当中，应当加强对相关数据信息和隐私数据的保护，如有涉及关于公司内部核心数据和财务的有关信息，相关技术人员和监管人员应当及时上报至公司内部的领导层，通过

统一授权后方可将公司核心的数据材料投入使用中，而公司的管理层应当根据这些数据信息的重要程度进行慎重的决策，了解所需使用的财务共享中心任务是否能够达到使用这些数据信息的标准，严格按照公司内部制定的有关政策法规，并最终授权给相关工作人员使用。相关人员在使用公司内部的核心财务资料和数据信息时，都应当在财务共享中心当中建立档案，并设置为保密档案，避免因系统泄露或其他人为因素给公司带来信息外露的影响。

对于财务共享中心来说，信息安全和数据安全会直接影响公司的生存发展，因此，无论是完善财务共享服务中心的信息系统，还是完善财务共享服务中心的沟通机制建设，都应当明确相互制约的机制，并在信息安全建设当中适当加入责权分离的机制，不仅可以有效保障公司免受因系统漏洞或信息外泄造成的经济危机和公司信任危机，还可以有效提升公司内部管理人员和相关工作人员对公司核心财务信息和数据的重视程度，保护和加强公司的信息安全。

(二) 重视财务报告信息价值

除信息安全建设工作之外，公司的内部报告，尤其是相关财务报告的正确使用往往会对公司未来的战略制定和战略方向起到重要作用，在财务共享模式之下，使用财务共享中心等的平台已经逐步将财务报告和与之有关的内部报告联系在一起，目前公司在使用内部报告的过程当中，仍然面临着开发不足的问题，充分利用内部报告来挖掘公司潜在价值，并且在竞争激烈的市场环境当中，充分利用内部报告的优势和价值，结合公司内部的专业技术人员制定出适合于本公司未来长期可持续发展的战略决策，依据现有的发展状况和市场信息，对内部报告做出适当的调整，分析和研究当前经营中的缺陷和不足之处，并借助财务信息平台之便将数据可视化，不断调整公司在决策和运营过程当中不合理的地方，如研发费用过高，管理费用使用不明确等问题，进而帮助公司在竞争激烈的市场环境当中找到战略发展的方向。

将财务共享服务中心进行细化处理，有计划地聘请相关专业人才，为公司量身制定预警信息系统，通过专业团队整理和分析公司财务报告相关材料和数据，形成完整的层级报告递交给内部管理层。管理层收到成绩报告之后行讨论分析，制订公司未来发展规划，公司的管理层同时应当注重自身财务知识的提升，才能够不断提高对信息的敏感程度，加强对财务报告的重视程度，帮助公司规避潜在风险。

（三）构建以人为本的沟通机制

公司可以通过业务能力培训的方式，促进各部门工作人员之间的交流与沟通，分享彼此之间不同的工作模式和思维方式，在学习环境当中，不断地交流融合各自的想法。加强对财务共享服务中心的信息反馈，避免由于反馈不及时导致信息滞后，影响部门与部门之间的工作对接，有效提升公司对反馈意见处理的效率，不断优化财务共享服务中心的信息系统建设，有效利用财务共享服务中心这一平台，设置相对应的信息意见反馈系统，在最大化利用财务共享服务中心的同时，让更多的工作人员得到有效及时的答复。对于共性问题，公司内部的工作人员可以自行登录平台，自行回答，而对于个性问题，内部的管理层可以聘请社会专业人员或直接安排公司内部专业人员进行一对一的问题处理，确保可以通过线上与线下相结合的沟通管道，有效解决在沟通管道系统建设方面的问题。

六 加快财务职能转变，完善公司相关内部控制流程

加快财务职能转变，完善公司相关内部控制流程主要体现在建立各个部门之间有效沟通机制等方面。

（一）加快财务职能转变

提升相关业务流程的融合度，构建更加科学合理的内部控制活动，不断完善公司相关内部控制的流程，推进业财融合的管理模式有效转变财务职能，从公司当前的发展状况以及公司内部工作人员处理工作与任务的具体情况来看，大部分仅仅停留在岗位的基础职责层面，相关工作人员对于整体的业务流程仍然不够熟悉，对于业

务的深入分析不够充足，与具体业务挂钩不够充分，导致公司的业务流程融合度较低。因此，公司可以在发展自身业务的同时，关注到对于本公司内部的相关财务系统之间的联系，将业财融合的模式理念纳入整体员工的日常工作当中。财务共享模式对公司内部的相关业务人员提出一定的知识和技能要求，因此，公司需要定期地对相关工作人员进行培训，不断促进员工之间的工作交流，有效提升整体的工作效率，尤其是在当前竞争激烈的市场环境当中，为公司未来的长远可持续发展提供人力支持。除此以外，公司原有的业务部门和财务部门之间的联系并不紧密，缺少彼此之间的信息交流，出现信息偏差等多方面的问题，应该加强彼此之间的沟通与交流，了解各自的工作方式与工作上的思维模式，这不仅可以有效地提升整体工作效率，还能够不断地拉近财务人员与业务工作人员之间的联系，也有利于营造出轻松和谐的公司环境，构建出更加深厚的公司文化，促进公司共享财务模式高效运行。

（二）建立各个部门之间有效沟通机制

对于财务人员和业务工作人员来说，在具体的操作环节当中，不断地沟通与交流彼此的操作方法和技术环境，可以帮助彼此之间理解这些工作的意义，加强员工之间的合作意识，当财务工作或业务工作在面临一些特殊情况时，彼此之间的工作人员可以有序地进行替补处理，在一定程度上提升整体的工作效率和处理问题的速度。部门互通制度在财务共享模式下具有绝对性的优势，这主要是由于在财务共享模式下，大多数的公司表现为整体员工的流动性，相较于原来有大幅增长这也就意味着，很有可能会面临着员工离职或跳槽的状况发生，通过建立部门互通交接制度，可以减少这种状况的产生，即使出现公司员工离职的问题也能够避免职位空缺，财务工作与业务工作也不会因此受到太大的影响，彼此之间工作人员进行职位互补，既保护了公司的根本利益，又可以在互补工作的过程当中深入了解各自工作的具体流程。

七 构建绩效评估体系，促进公司内控系统更新完善

构建绩效评估体系，促进公司内控系统更新完善主要包括对财务共享服务中心实施各类型的绩效评估考核、将公司战略目标逐步细化分类纳入考核体系以及纳入多元化考核指标对考核对象进行综合考量等。

（一）对财务共享服务中心实施各类型的绩效评估考核

绩效考核评估体系作为公司控制活动的主要方式，健全和完善公司内部整体控制系统，能够促进公司内部的员工工作效率和工作积极度，提升对公司财务共享服务中心的运用效率。从整体来看，绩效考核评估体系主要包含：一方面是专门针对公司内部员工的绩效考核部分，通过各种各样的考核形式了解员工参与公司内部管理控制工作的程度以及具体的工作情况，根据考核成绩了解员工工作状态，在最大限度上将内部控制逐步落实到员工层面。从另一方面来看，绩效考核也针对整体公司组织方面，通过对财务共享服务中心实施各类型的绩效评估考核，从而了解财务共享服务中心是否最大限度上发挥了其便利和优势，是否在员工的使用和操作之下，能够保质保量地给公司各个分公司的各个单位和部门之间提供专业的服务。在了解到绩效考核评估体系，控制整体公司活动的两种形式之后，可以通过重新构建与完善公司的绩效评估体系，建立起适用于本公司未来长远可持续发展的完整体系，通过对组织和人员的绩效考核促进公司的内控系统更加科学完善，在一定程度上提高公司内部员工的工作效率，挖掘财务共享服务中心的优势，为更多客户提供优质服务实现价值创造。

（二）将公司战略目标逐步细化分类纳入考核体系

建立健全组织绩效考核，将公司整体的战略目标逐步细化分类，最终纳入整体的绩效考核当中，主要可以从财务、运营、顾客、学习与成长各方面进行细分与考核，绩效考核评价机制的建立不仅意味着考核最终效果，而是在考核过程当中了解到各个部门在不同时期的工作状态和工作重心的转移，方便后续根据这些变化，结合公

司原有的战略目标进行不断地调整，发挥绩效考核评价制度的作用，发挥出公司管理层决策支持的作用。对原有的公司未来发展战略目标进行逐层分解与深入分析，通过在财务共享模式下的内部控制与分析来提高公司整体的工作效率，为更多客户带来更加优质的服务质量，最终实现公司整体的价值创造。将绩效考核评估在财务方面的目标设定为提供更多高质量的服务，平衡成本与支出之间的收支，并且通过成本与预算比较节约率、成本利润率以及单位业务变动成本这三个维度来了解公司的收支状况。

从客户对接的角度来看，需要充分考虑客户的真实需求，并且为客户提供与需求相对应的产品服务，着重考虑客户满意度以及员工服务水平这两个方面的因素，一旦出现了客户投诉或后期保障等问题，需要相关工作人员及时进行对接与处理，降低投诉处理率，让财务工作人员意识到客户沟通交流的重要性，以及在面临客户投诉时，应当采取什么样的措施进行产品维护，加大对客户投诉的重视程度。在选取各个绩效考核评估的指标之后，可以聘请相关领域的专家学者，从绩效考核评价指标各个维度，各个方面进行深入专业的研究，与原有的指标之间进行对比分析从而判断绩效指标是否符合当前公司发展的需求，通过构造出不同层次的判断矩阵，将有关数据信息进行叠加处理后，检验绩效考核指标的合理性，将权重分配的结果纳入公司战略发展的过程当中，了解公司未来战略发展的重点，将公司发展战略目标融入整体内部运营管理的过程当中。公司的绩效考核评估体系需要不断地根据公司现有的业务发展状况和客户需求进行调整，为公司未来发展带来尽可能多的经济效益，帮助公司能够在市场竞争激烈的环境当中站稳脚跟。员工作为绩效考核的另一个主要对象，应充分意识到个人学习能力对未来职业发展的重要性，主动提高自身服务意识通过公司学习与自身理论积累，不断地锻炼和提升个人职业技能和专业能力，促进公司的整体服务水平提升。

（三）纳入多元化考核指标对考核对象进行综合考量

绩效考核评估体系涉及绩效考核对象的工作内容，工作岗位以及工作业绩，而这些因素又受到不同员工的工作方法、工作态度以及工作习惯等的影响，因此，针对员工的绩效考核评估，不能仅仅通过固定的考核指标进行简单的衡量，而需要纳入多元化考核指标，如员工个人发展组织绩效达成率以及公司内部业务人员的流失率等多种因素，对考核对象进行综合的考量。

从公司的角度来看，还包括对于财务共享服务中心整体的操作流程的熟悉程度，以及是否能够发挥财务共享服务中心的优势协助后续审核工作顺利进行，在公司规定的标准范围内实现整体流程的规范化等。除此以外，由于部分业务流程较为复杂，在业务处理的过程当中，难免会遇到各种问题，通过评价员工和相关审核技术人员的处理方式，了解员工对于整体服务审核流程的熟悉程度，并制定合理的业务流程操作岗位绩效指标，提高员工整体工作效率。在绩效考核评估工作完成之后，公司管理层需要与公司员工进行沟通与交流，从客观角度理性地帮助员工分析其工作过程当中存在的各种问题，以及未来能够进一步发展的可能性与优势，不断地引导公司内部员工制订适合于自身长远发展的工作计划，在最大限度上实现员工的个人价值和职业发展需求。

第五章 财务共享优化的方向：区块链技术

区块链技术在财务共享领域中的应用主要体现在对象、功能以及属性等多个方面，当前区块链技术在财务共享应用中也存在诸多障碍，如数据信息统一汇集到财务共享中心存在安全风险、结构问题产生不良影响以及业务处理类型简单且分布不全面等，建议从借助分布式记账实现去中心化，避免共享数据面临安全风险、利用分布式记账模式优化权限赋予，处理好总分机构关系、运用"时间戳"及数字签字技术确保财务信息安全以及将智能合约融入交易处理过程以实现自动化运行效率的提升等方面将区块链技术嵌入财务共享建设中，促进财务共享体系优化升级。

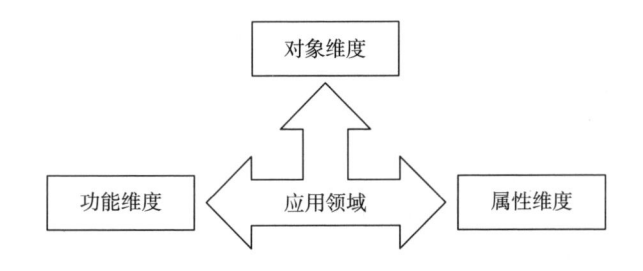

第一节 区块链技术在财务共享领域的应用

区块链技术在财务共享领域中的应用主要体现在对象维度、功能维度以及属性维度等多个方面，如图5-1所示。

图5-1 区块链技术在财务共享领域的应用

一　区块链技术在对象维度的应用

（一）员工方面

对于员工来说，区块链技术不仅解决了员工在财务方面遇到的相关问题，同时也提高了员工工作的积极性和对公司的认可程度，以差旅费报销为例，对于员工来说，差旅费报销是员工在工作过程中不可避免的相关任务，而在原先的传统财务模式中，员工需要通过票据的粘贴以及各个环节流程部门的审批才可以拿到差旅费的报销，降低了员工工作的积极性以及对于公司工作的热情，而在区块链技术的财务共享中心模式运用下，财务审批通过智能合约模式少了员工流转在各个部门环节的时间，可以通过网上的自动审批。帮助员工更快地获取报销费用，通过数据的备份，更好地核查自己的报销费用有没有完全地通过审查，也方便员工计算、统计和浏览以往的报销进程，从而帮助员工更好地了解公司财务流程。除此之外，无论是员工个人账户的管理，还是相关公司网银的对账服务，都可以通过区块链的技术减少员工的工作负担，用区块链节点的数据存储技术，帮助一些数据进行加密，而其他非核心数据完全公布在员工当中，也使得员工对于公司政策和相关举措进行认同，保障数据的安全以及员工的积极性[1]。

（二）系统方面

在系统方面，区块链技术帮助公司整体建设五层应用，通过数据层、网络层、共识层、合约层和应用层的层层审批，帮助战略财务中心能够更好地解决公司财务的相关问题，也帮助基层一线提高财务审批的效率，通过技术保障数据能够及时更新，准时传输，完整存储，在保障区块链每一个节点有着强大的计算能力的基础上，促进公司去中心化的保障，公司财务系统能够完整运行，降低公司员工的沉重负担，减少不必要的麻烦，帮助公司减少财务成本，提

---

[1] 郑焕焕：《财务共享模式下企业财务职能转型与财务人员角色转变的策略探讨》，《企业改革与管理》2022年第3期。

高利润,进而促进公司的整体进步[①]。

(三) 客户方面

在客户方面,财务共享中心在区块链技术中的运用,保障了公司交易具有专业性、高效性和服务性,而对于客户来说,高效专业的服务帮助客户能够更好地了解公司目前的发展状况以及相关业务的交易要求,解答客户的相关问题,促进公司交易数量的提升。高效专业的公司服务,进而促进客户和公司长久合作的可能,这种高科技的手段帮助公司更好地深入市场调研,根据公司发展情况,贴合目标,市场定位和消费者需求,为客户制定更好,更符合客户利益的交易条款,满足客户需求,促进公司发展[②]。

二 区块链技术在功能维度的应用

(一) 网上报账

在区块链技术没有正式运用财务共享模式前,费用报销不仅仅需要填写相关纸质报销单,同时要将报销单按照时间事件流程的顺序进行粘贴,提交给相关主管部门批准后再去财务部门报账,对于基层一线员工来说,如住宿、餐饮等票据较多,因此,在报销时需要花费大量的时间和精力去整理粘贴,同时要通过领导审批再进行财务报账,使得整个报账流程复杂,增加了财务人员审核的工作量,因此,这样的报账方式不适用于追求高速高效的现代化公司,因此在区块链技术的运用下,财务共享中心模式已经建立,网上报账的相关流程取消,线上纸质报销单的粘贴和审批,只需要通过在网上填写相关费用和事件的具体信息,提供票据的发票和抬头,即可通过原始票单提交部门审批,就可以向财务部门申请报销,简化了报销流程,提高了报销效率,同时也激发了员工工作报销的积极性,这种线上报销的方式也在各大现代公司中具体运用,区块链技

[①] 章连标、段凯俐:《基于区块链技术的财务共享模式优化策略》,《商业会计》2022年第2期。

[②] 陈丽:《数字化转型背景下大型物业企业财务共享中心构建思考》,《投资与创业》2022年第4期。

术也在财务共享模式中发挥着举足轻重的作用。区块链技术的研发，财务共享模式的落实和推进，都体现着现代科技的飞速发展以及业务流程效率的不断提升，这不仅仅帮助了业务本身质量的提升，同时使得公司真正地运用了现代技术，解决了公司遇到的具体问题，使得财务人员以及财务相关部门运用自身技术和财务优势融合[1]，真正实现公司追求的业务和财务一体化模式。

（二）业务操作方面

在业务操作方面，无论是资金的入账还是资金的付出，都对于公司的财务经营至关重要。作为公司信用的代表以及相关业务的宣传促销手段，应收账款不仅仅帮助公司在销售量方面得到新的突破，也同时帮助公司在市场竞争中站稳脚跟，而就目前来看，由于一些公司在财务应对风险方面的意识较为淡薄，没有建立合理的收入和应收账款管理制度，使得公司的财务资金利用效率出现偏差，流动性较弱，因此在区块链应收账款管理平台的建设下，应收账款信息数据不得被第三方恶意更改，必须通过公司管理层审批才可以进行更改，这种去中心化的方式，大大提高了公司财务数据的安全性和保密程度，也同样减少了在业务操作层面数据出现问题的可能性，在区块链技术的基础上，交易者双方不仅可以清晰明了地观看交易的整体流程，同时也可以通过平台进行一定程度的收付款，解决个人账号再收入可能出现的问题，减少了相关的审批流程。这种业务操作层面，技术的普及帮助公司建设了良好的业务操作制度，提高了公司员工整体的业务操作风险意识，完善了内部的控制体系，解决了公司目前出现的业务操作以及应收账款管理等问题，增强了业务管理的流动性、科学性和自由性，更好地应用于公司的建设以及去中心化平台中。

（三）运营管理方面

在公司运营管理方面，票据对于公司资金的流转以及支出起

---

[1] 林雪珠：《人工智能背景下财务人员转型探讨》，《合作经济与科技》2022 年第 4 期。

到重要的作用，随着区块链技术的运用，公司在运营管理方面通过透明交易减少非法交易出现的可能性，同时降低杠杆率，及时地对于公司资金和银行流水进行匹配，更好地保障了公司在运营管理方面的应对风险，通过信用评级和智能运营等手段减少公司运营流程和环节，缩短运营生命周期，在票据兑现环节，通过不同节点保障信息的真实度，再通过公司内部对于信用评级的把控，更好地形成公司运营的相关数据区块，从而在流转环节能够减少有大量限制和要求的交易，减轻公司运营的负担，通过系统编码，将繁杂交易和不可交易去除，在最终的运营托收环节，通过区块链技术设定运营交易的底线，从而通过系统制度的保证，减少公司核对运营过程和时间的具体时间，通过系统的提示和结果的评判，大大提高了公司运营的标准化和制度化，降低了公司的运营成本，帮助票据管理及运营流程监控掌握在公司手中，提高公司运营的效率和安全[1]。

（四）资金结算方面

在区块链技术的具体运用下，资金结算去除了相关烦琐流程，减少了很多不必要的麻烦，帮助资金结算者能够通过信息技术手段进行资金结算，同时也便于资金结算者进行数据的统计和更新，方便财务部门进行年度的汇总和整合，这一种业务报销一体化流程使得资金结算更具有真实性和合理性，也同样减少了利用假资金信息混淆视线等情况的出现。通过区块链节点，对于资金结算的处理和审查，初步将财务信息数据处理传递给战略区块链节点，从而在综合考量以及具体规则标准的制定下，分配合理资源检查风险障碍，最终汇报给财务审批及公司管理层，这就使得财务审批更加符合员工本身需要，通过人工和线上的双重审批，提高资金结算决策的科学性和规范性，减少了人为资金结算的干扰和恶意阻拦。同时，能够在第一次处理过程中退回不符合资金结算要求的相关凭证，大大

---

[1] 王卉青：《医院全面预算管理及成本控制的要点》，《投资与合作》2022年第4期。

减少了资金结算审核的时间。

三 区块链技术在属性维度的应用

（一）财务智能化

在区块链技术的运用下，财务共享模式实现了财务智能化，大大提高了会计监督的质量，减少了财务舞弊和恶意篡改数据的可能性。由于去中心化的区块链技术，财务审批和监督在区块链各个节点的监督和运作下，可以追溯信息的根源，同时，如果需要信息的更改和数据的重新写入，都需要区块链中所有节点的认可、认证和审批，如果存在和系统其他信息以及提前设立的规则制度相违背的信息和数据，系统和节点会直接拒绝数据的更改，同时在所有数据的整合和及时更新中，每一个数据都有着自己的时间录入点，平均地分布在区块链技术中的分布式账本原理中，帮助信息更好地追踪溯源，保障公司信息的完整性，同时，区块链技术的分布式特性也帮助公司的财务共享模式运用智能化、科技化的手段将信息和数据纳入安全保护的围栏中，提升会计监督质量。

这样，财务智能化的手段，也帮助公司提高了财务共享模式的运转流程的简化，以及整体工作效率的提升，财务业务流程的臃肿化，一直是公司财务共享速度、效率无法提升的主要原因，由于财务共享终端以及财务审批中心信息的不共享以及环节的不对称，导致审批环节出现资源重复利用的现象，浪费了公司的成本，而在财务智能合约机制的运用下，审批不会出现重复审批的现象，同时，具体财务的递交效率也通过系统直接完成，减少了审批的环节以及财务人工化可能出现的弊端，在正确格式的提交下，财务智能化帮助财务运转平台效率的提升和整体环节的减少。同时，这样的智能化也为公司管理提供了便利，公司可以通过对系统后台权限进行一定程度的设定，帮助系统在数据的处理过程中对有效数据重点备份，对错误无效数据进行退回，提升公司财务指令下达效率，财务审批流程精简化。

（二）管控全局化

由于区块链技术在财务共享模式下搭建了财务共享中心平台，

帮助公司能够通过站在整个信息环节运转的最上端，方便各部门对于信息进行提取处理整合，帮助公司更好、更全面地了解相关信息。财务共享平台不仅起到支撑存储数据的作用，同时也对数据录入的真实性和数据存储时间点起到保护作用，帮助公司能够通过数据的分析，了解当时社会的经济发展情况以及公司的发展阶段，从公司发展和公司未来需求的角度，用全面、真实、科学的信息减少公司部门信息不对称的问题，通过财务共享平台的搭建，帮助各部门协同共进业务区块链能够资源共享，共同进步。这种管控全局化的信息数据处理也方便公司管理层对于公司未来发展的风险进行合理的预测，从而调整公司的发展战略方向，保障公司的发展。

(三) 共享服务化

区块链技术基于财务共享服务模式的中心进行了兼容性的分析和处理，在下达科学有效要求命令的同时，帮助财务共享中心实现资源共享、信息对称、不可逆等要求，真正实现了共享服务化，为公司财务提供了在未来发展中技术上的保障，满足了公司发展高标准的要求，通过中心技术架构搭建帮助公司在技术和具体发展中实现高度的兼容，使得公司投入能够更好地转化为服务和利润，促进公司数据的及时更新，促进公司在服务过程中能够提供更个性化、更优质的共享服务，树立良好的品牌形象，打造公司区块链技术财务平台搭建的可靠性和优质性，通过改善财务共享中心的服务模式，帮助原先财务技术进行区块链化的更新和突破，实现公司财务制度和管控手段的革新。

第二节　当前区块链技术在财务共享应用中存在的障碍

区块链技术在财务共享领域中的应用体现在多个方面，当前区块链技术在财务共享应用中也存在诸多障碍，如数据信息统一汇集到财务共享中心存在安全风险、结构问题产生不良影响以及业务处理类型简单且分布不全面等，如图5-2所示。

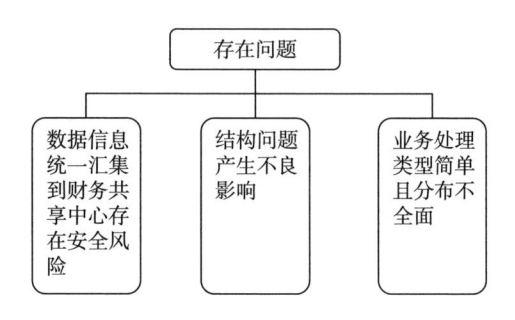

图5-2 当前区块链技术在财务共享应用中存在的障碍

一 数据信息统一汇集到财务共享中心存在安全风险

对于区块链财务共享模式来说，由于去中心化导致在所有节点当中，财务共享中心是区块链整体运作的重中之重和核心之处，如果财务共享中心出现问题，则会影响所有数据信息的收集整理分析和共享，因此，对于信息来说，汇总到财务共享中心存在一定的安全风险。在具体工作过程中，财务数据通过财务共享模式的链条和节点输送，帮助公司下各部门或各子公司通过原始数据的收集，在运算过程中进行合理的存储和超速，同时通过财务共享中心进行处理运算，如果在任意阶段财务共享中心受到不安全因素，如病毒或黑客攻击等外界因素的干扰，则可能会影响到财务共享中心数据存储的真实性和客观性，不仅可能会导致当下数据无法存储在数据库中，也有可能导致之前财务共享中的数据受到严重的破坏和篡改，从而影响公司整体信息数据的掌握和对市场以及财务方面的分析，对公司造成强烈打击，甚至导致破产。

除了外界客观因素外，财务共享中心工作人员的人为舞弊现象也会导致数据信息的不准确和不公正，由于财务共享中心工作人员需要对区块链中财务共享链条中的数据进行进一步的汇总和汇报，有可能导致公司机密被泄露或恶意篡改，影响公司的未来发展。财务共享中心在数据存储过程中，除了在后台通过机制备份以外，也同时会将纸质版的相关票据和文件资料作为留档，在去纸质化现象逐渐普及的当下，网上的数据以电子的形式存储，这就可能会使得信息系统的保密程度较低，不能保证公司数据的安全，在目前的保密技术和防火墙技术情况下，财务共享中心如果没有专门的技术人员进行维护和定期修复，则可能会使得信息安全方面出现较大纰漏，对公司来说，也面临着较大的数据安全风险和压力，同时，这种没有被整合过的原始数据集，可能集体丢失，如果发生相关问题，对于公司整体财务的发展会造成非常大的影响。

二　结构问题产生不良影响

（一）总分权限不合理导致部分工作处理效率低

由于财务共享模式的分布式账本原理，使得公司在财务权限的分配上呈现金字塔状，导致在基层的相关财务部门工作人员的工作效率降低，这种总分权限的设置也影响了基层工作人员的积极性。一方面，财务共享中心确实为公司带来了更高的工作效率，在一定程度上解决了传统财务模式工作量大、效率低下的问题，但是同时也暴露出了新的问题，正是由于所有的部门以及相关子公司的财务数据都需要经过总部财务共享中心的批准，虽然子公司和相关部门的工作压力降低，但是大大增加了总部的工作量和工作时间，同时，由于这些数据的重要意义和对公司战略目标制定的重要性，导致这些数据不得不及时处理，这就使得总部的工作压力增加，如果没有及时配置合理的薪酬制度和晋升制度，则会影响员工的工作积极性，使得公司财务整体结构出现不合理的问题。另一方面，正是由于总部和子公司之间的财务权限不对称的问题，流程的进行不仅需要子公司领导的批准，还需要经过本部门领导的审核，这种双重的审批和监督，浪费了相应的资源，增加了公司的财务执行成本。财务共享中心在具体运作当中，不仅仅需要增加相应的财务共享机构，也影响了公司原来的传统布局和人员结构，一些部门的原始业务被调动或增加，减少转变为财务共享中心的职能，使得一些部门出现部门权责不明，职能交叉等问题，在具体业务工作当中，信息的不对称导致工作效率的降低，业务转变公司结构的不完善。虽然财务共享中心集合了大部分的财务数据，然而就目前公司财务共享模式运作情况来看，很多财务中心的主要职能只是简单的数据核对与审批，将一些基层工作人员日常的主要任务挪移到了财务共享中心的线上服务当中，这就使得被量化地处理会导致一些子公司在业务和财务方面出现分离的情况，加大了公司的结构问题。

（二）空间距离远导致对各地业务认识不足

由于子公司信息数据掌握在总公司财务中心手中，一些子公司的财务部门由于没有经手大量的信息数据和财务业务，过于依赖总公司，不能够及时地了解公司，在目前市场中的定位现状和发展现状依赖于相关技术，忽视了业务服务的本身重要作用，同时，也正是由于一些子公司和总公司依赖于财务共享中心打破空间和时间因素的原因，导致子公司和总公司的发展出现偏离的情况，子公司的财务并不能很好地在业务发生地进行数据处理，会出现权责不明晰，业务流程不熟悉等问题，影响了相关子公司顺应当地发展趋势，迎合政策条件突破自我的可能性，错失了占据更多市场份额的机会，不能及时更新公司财务数据，在与总公司的沟通中，要花费更多的时间、精力和成本。在一些具体加急的财务交易处理过程中，如果总公司没有及时处理这些加急数据进行核算、统计、反馈给子公司，使得子公司在交易中面临违约和违规的风险，降低了子公司的信用，尤其是缴税问题，如果信息沟通不对称、不及时，则可能会大大增加公司的成本，例如，子公司在某地原来享有一定的税收优惠，但是由于总公司在另外一个地方的信息处理不够及时，对接税务沟通不够，导致在数据处理过程中，税收优惠措施处理不到位的现象，这种公司成本和违规风险的增加，也会使得子公司陷入一定的发展困境，影响公司整体发展。

（三）降低财务人员工作质量

通过线上区块链节点的运算以及财务共享中心的后台统计，整合一些属于原先公司，财务部门中的基本业务被缩减，这就使得一些员工的日常工作量大大降低，虽然在一定程度上减轻了员工的工作压力，但也无法激发员工的工作热情和积极性，使得一些基层财务部门的工作人员积极性降低，出现不作为的情况，也同时会使得财务共享中心的工作人员工作量加大，从而导致公司花费了大量的人力、物力资源以及技术维护，但是却出现了较为严重的战略问题和风险问题，并没有达到公司启用财务共享中心模式的出发点和落脚点。在具体业务当中，财务共享中心启用后，基层工作人员只需将相关的纸质票据和资料作为流量资源备用，同时通过扫描等方式上传系统即可，这种机械化、枯燥乏味的工作也会导致员工出现厌倦心理的可能性增加，导致一些日常工作的工作效率低下等问题。此外，由于财务共享中心掌握在公司领导层当中，因此财务共享中心的组织架构呈金字塔状，导致一些人才流失以及资源分配的浪费。最终导致公司财务中心的原本职能大大受限，一些基础功能丧失。

三　业务处理类型简单且分布不全面

由于线上区块链以及财务共享中心建设技术的限制，导致目前很多运用财务共享中心模式的公司分配给财务共享中心的工作仅为纸质票据的审核对比以及收付款核算等基础业务，花费了大量的技术去构造财务共享中心，但是却没有发挥它可以发挥的最大作用，使得很多资源浪费，在成本管理、纳税申报等方面，还是依托于财务共享中心的员工人工操作，这就导致财务共享中心的建立，不仅耗费了大量的公司资源，也同时没有帮助基层一线减轻负担，减少压力，只是增加了公司的技术成本和相应资源的投入，使得相关业务处理低效低质。

第三节 基于区块链技术的财务共享模式的优化

当前区块链技术在财务共享应用中也存在诸多障碍,建议从借助分布式记账实现去中心化,避免共享数据面临安全风险、利用分布式记账模式优化权限赋予,处理好总分机构关系、运用"时间戳"及数字签字技术确保财务信息安全以及将智能合约融入交易处理过程以实现自动化运行效率的提升等方面将区块链技术嵌入财务共享建设中,促进财务共享体系优化升级如图5-3所示。

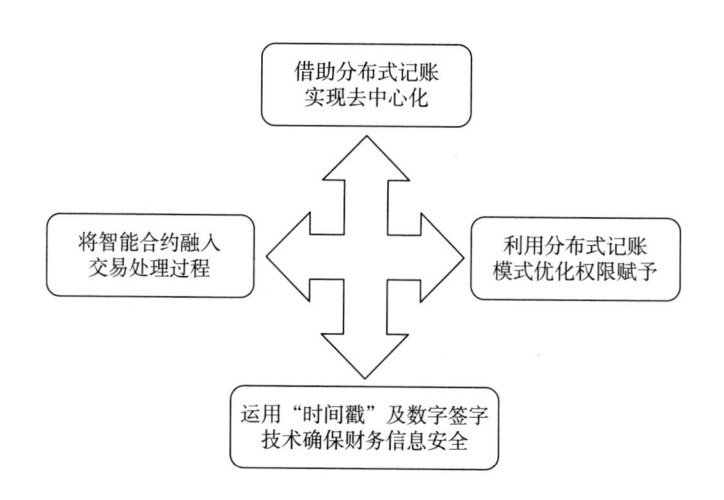

图 5-3 基于区块链技术的财务共享模式的优化

一 借助分布式记账实现去中心化,避免共享数据面临安全风险

为了减少数据信息受到恶意攻击和篡改的可能性,可以通过区块链中的分布式记账原理,帮助财务共享中心实现去中心化,使得公司的财务数据面临的风险降低。分布式账簿在具体运用过程中,

通过网络中的节点之间共享可信赖而又不需要第三方保证的记录，实现财务共享的原理，这就使得无论是总公司还是子公司，都能够在区块链运作中拥有自己的主体节点，这样在总公司集中处理子公司数据的同时，子公司也可以通过自己账本的查看，了解当地的信息以及公司数据的相关发展，通过不同节点的记录和更新，帮助子公司与总公司信息对称，如果数据进行大规模的更改或恶意的变动，子公司和总公司都能够通过账本的及时查看判别数据更改的原因，从而保证自己公司财务数据的安全，这种多节点、多主体的结构，帮助公司及时比对数据信息，查看数据安全，降低数据信息的风险，在多个节点账本构建的同时，子公司数据信息的泄露和被恶意攻击不会影响到其他节点和总公司的数据安全，这种分布式的结构帮助总公司在总览所有公司财务数据的同时，保证了公司的数据安全，任何节点的变动和问题都不会影响到其他节点的具体运作，这也帮助总公司下发了更多的财务权限和结构给子公司，帮助子公司更好地发展，通过信息的及时共享和数据的传递，实现去中心，区块链结构避免了由于数据集中在财务共享中心处理可能遇到的数据安全风险。

由于财务共享模式采用了区块链的技术，因此这种去中心的机制会帮助区块链上的任意节点保存所有经过的数据，通过后台的存储和整合，从而实现信息共享，这种 P2P 网络的运作，帮助各个节点在整体结构中独立出来，单个节点的破坏不会影响整个网络的安全。不仅仅拥有更高的安全性，也同时拥有一定的独立性和匿名性，在每一个节点中，数据块都有着子公司或总公司的独立代码，这种较为独立的信息结构能够更好地保证信息的匿名和安全。在区块链中，无论是公有区块链的信息共享，还是私有区块链的数据安全保障，都能够帮助解决财务共享中心数据集中处理的弊端，从而通过区块链分布式账本的优势，使得一些财务共享中心的弊端转化为优势，更好地服务于公司。

二　利用分布式记账模式优化权限赋予，处理好总分机构关系

基于分布式账本的记账模式，在创造构建各个节点链条的同时，也赋予了子公司更多的财务管理权限，使得公司和子公司之间的财务权限不呈现金字塔式的总分结构，而更好地帮助公司合理结构制度的建立。在具体运作过程中，无论是子公司还是总公司的下级部门，相关权限都来源于总公司财务共享中心的职能下发，无论是普通的业务处理，还是重要的交易审批，都需要得到总部和中心的批准，而由于财务方面零碎简单的业务较多，在总公司独立处理的情况下，可能会影响到其他重要财务事件的处理速度，不仅仅影响了重大事件的处理效率，也同时违背了公司运用技术处理重要财务工作的本意，因此，在财务共享中心模式运行中，一些下级的请示不能够及时得到上级的批复和审查，影响了下级的工作积极性和效率，进一步增加了公司的财务运行成本，甚至可能导致一些重要客户对于公司的信赖度降低的严重问题，影响公司的发展。

因此，通过区块链技术的分布式记账模式，帮助一些工作以分布式的结构放置到各个节点当中，通过各个下属部门和子公司权限的整合，汇集到财务共享服务中心当中，同时，一些简单的业务可以由子公司和相关部门快速处理，大大提高了公司财务业务的处理效率和员工的积极性。这种职能权限的下发和分配，帮助区块链上的节点更好地发挥联通和信息共享的作用，能够在一些简单业务的处理上简化审批和运作流程，同时帮助总部和分部相互进步，共同监督，运用财务共享中心技术处理复杂重要的财务业务，减轻财务人员的工作压力，提升整体的财务效率，帮助子公司能够因时因地地处理相关业务，根据当地的政策和发展信息等，更贴合实际地处理相关业务。

三　运用"时间戳"及数字签字技术确保财务信息安全

时间戳技术在财务共享中心的运作中起到了重要作用，由于大量信息数据汇总到财务共享中心当中，一些基本数据的最终整合是否完整和科学正确，需要大量的人手来核算，而时间戳则可以根据

时间节点的基本数据运算流程，判定财务信息数据在某一时间是否根据规则进行运算，同时也能够根据数据的现有情况判断数据是否完整，从而保证财务共享中心处理后流出的数据科学性。这种重要的技术很好地帮助了公司追溯原有信息，也减少了公司财务数据信息和核算的复杂程度。运用数字签字技术进一步地保证数据的安全和公证数字签名技术及在财务数据后台运算的基础上，通过原先规则以及非加密技术的使用，帮助数据在处理过程中会给信息的处理和发送者发送相关的数字串，这种数字签字技术是不可逆且不可伪造的，公司的财务数据信息安全得到了极大的保证，无论是数据信息共享还是点对点的私有数据传递，都能够有着良好的安全技术保障。同时，数字签名可以保证数据的完整性，通过数据运算保障财务交易的流程，完全按照公司相关规定，支持 SPV 协议，如果数据处理在节点和区块链当中没有按照完整的规则和流程运行，则可以通过数字签名技术查看对应的签名人，从而对于财务交易进行一定的验证，保障数据在运行过程中不会存在被篡改或滥用。

四　将智能合约融入交易处理过程，以实现自动化运行效率的提升

在智能合约运行机制工作时，无论是财务数据的处理，还是财务交易的审批，都会根据财务规则的具体设定而提高相应的业务处理效率。因此，对于公司来说，可以运用财务共享中心的智能合约技术，大大提升一些烦琐财务数据的核算和审批，在会计业务当中，由于一些数据需要通过对比增长率的计算来得出公司财务数据的具体趋势，如果靠基层员工来核算，则会花费大量时间和精力，同时也会增加出错的可能性，因此，通过智能合约技术，区块链可以更快、更高质地完成繁杂数据的计算，减轻了基层财务人员的工作压力，提升公司整体财务业务流转的效率，降低了公司在财务投入上的成本，减轻了公司的发展压力和负担。

在具体运算规则的设定下，财务交易会根据智能合约运算公式，在符合规则和要求的基础上触发相应的自动交易处理条件，只需要有相关业务的发生，就可以根据规则和特定条件处理所有类似的相关交易，大大提升了资源的利用率和交易处理流程的规范化，例如，在公司处理财务审批和报销过程中，如果第一次报销是根据公司初级财务报销流程运算，则在满足相同报销条件的业务处理当中，智能合约会自动运行，通过审批，从而帮助财务流程更好地根据财务审批的关键词、规则和相关概念进一步地完成后续的核算工作，推动公司财务的整体发展。这样在财务交易处理过程中，财务共享中心也能够通过智能合约保留本地依赖度较高的业务，通过重复业务条件的出发，更快地处理那些因地制宜的子公司业务，减少财务风险和财务成本，提高财务共享模式的效率，推动公司战略资源的运用，减少子公司和总公司之间的信任危机发生可能性，提高业务处理效率，降低业务处理风险，快速整合相关信息，扩大财务运算处理范围，保证财务数据共享的及时性与客观性。

第六章 财务共享案例分析与启示

海尔集团和美的集团作为实施财务共享的典型案例带给我们的启示主要包括切合实际的目标与范围、实现全员全方位参与以及循序渐进的变革与创新等。

第一节 海尔集团财务共享案例分析

通过分析海尔集团财务共享服务中心构建动因与构建过程,可以发现海尔集团财务共享服务中心的运行成果主要包括构建了更高效的组织架构、建立了标准化业务流程以及统一了财务信息系统平台等。

一 海尔集团基本情况

海尔集团成立于20世纪80年代初,曾是一家生产制造家电的小工厂。经过40余年的发展,目前已经跻身世界前五大白色家电制造商,也成为中国电子信息百强公司之首。由单一产品向多产品宽领域迈进,由国内市场扎根向国际市场扩张,现在海尔集团已拥有数十万员工,产品远销100多个国家,其冰箱等家电的销售额在全球市场久居第一位,成为横跨家电、物流、制药、金融、房地产等多个领域的综合性跨国集团。

海尔集团的战略发展可以大致分为以下几个阶段。首先是成立初期阶段(1984—1991年),这阶段公司采取的是名牌发展战略,工作重点在于全力保障冰箱产品质量,发生了著名的"砸冰箱"事件，初步建立起了客户口碑。其次，1991—1998 年，以多元化发展为核心，力求实现打造家电第一品牌的目标。1998—2005 年，海尔开始进军国际市场，实现由国内品牌向国际化品牌的发展。2005—2012 年，将战略目标定位于实现全球白色家电第一品牌上，并开创了人单合一的新模式，以销售逆转战略抢抓用户需求，并构建起财务共享中心。自 2012 年以来，海尔集团抓住网络化趋势，创造了与互联网时代发展趋势相适应的管理模式，加快进行财务共享中心升级，并设计了财务云系统，实现了数据的便捷连接，为新商业模式的打造奠定了重要基础。

二　海尔集团财务共享服务中心的构建

（一）构建动因

海尔财务共享中心的构建始于 2007 年，与集团进行国际化扩张和全球化经营的战略相符合，与集团实现管理水平提升的需求相适应。海尔的财务共享中心构建立足于低成本、高满意度的目标，旨在优化当前集团业务流程，对相关流程进行设计再造，实现集团内流程的规范化运行①。其构建动因主要包含以下四个方面，如图 6-1 所示。

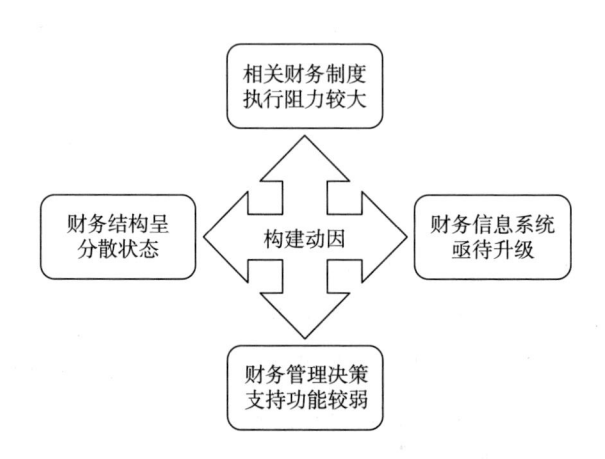

图 6-1　海尔集团财务共享服务中心构建动因

---

① 伍书仪：《财务共享模式下企业会计信息化构建研究——以海尔集团为例》，《绿色财会》2022 年第 2 期。

1. 财务结构呈分散状态

作为较早进行国际化尝试的公司，海尔集团进行了子业务部门的财务组织设置，采用了金字塔形的组织结构。在金字塔结构的每一层都设有财务部门，对本部门的财务业务负责。这样的结构形式虽然明确了分工，一定程度上提升了工作效率，但也使得整个集团的财务结构呈现分散状态，并造成了一定程度的资源浪费，对公司资金存在一定压力。

2. 相关财务制度执行阻力较大

在金字塔形的组织结构影响下，海尔集团财务部门数量很多，在一些海外的业务部门也配有专门的财务部，这就会导致财务结构较为分散，并且相关财务制度执行阻力较大。海外部分的财务部工作需要满足具体海外地区的政策，这就为集团统一进行财务管理增加了难度，使得会计一致性原则无法运行。

3. 财务管理决策支持功能较弱

公司财务管理的质量事关决策支持功能，海尔集团要在激烈的国际市场竞争中占据一席之地，就要能够对市场发展趋势做出准确预测，根据市场调研结果，进行战略预算和财务管理升级。固有的财务管理模式重核算，财务部门人员花费大量的时间和精力对历史数据进行整理汇总和分析，其预测功能作用并不明显。并且，采购、销售等环节的分离，也使得信息收集难度较大，流程方面呈现明显的滞后性。

4. 财务信息系统亟待升级

信息技术发展为公司财务管理效率提升提供了新思路，但由于海尔集团业务量庞大，并且没有实现标准化，存在一定的信息分散情况，在相关数据输入阶段，一般的信息技术手段无法实现自动录入。还需要配备一定的人力进行手工输入，自 2006 年起，海尔集团就财务管理工作的后置性进行了改革，力求改变信息技术系统不完善的弊端，要求财务管理实现前置化，加快财务共享中心建设，推动集团财务管理转型升级。

（二）构建过程

海尔财务共享中心的构建过程首先是选址工作。共享中心的选址事关公司共享中心建成之后的发展，无论是选择分散式的建立模式还是打造集成式的共享中心，都代表着建成之后不同的运行方式。并且，基于海尔公司业务分布的广泛性，其在不同的地区的业务情况也并不相同。除共享中心运营模式外，还要考虑所选地址的城市资源情况，考量之后，海尔集团规划出一系列的权重指标，对北京、上海、青岛、武汉等城市进行了运营成本、基础设施、人力资源、城市商务环境等方面的比较，最终选定了公司发源地青岛作为共享中心试验地。

自2007年起，进行集团内业务再造活动。业务流程的再造是公司财务共享中心构建过程中的重中之重。海尔集团将下属子营业单位的会计核算中心按照区域进行划分，然后集中起来，尤其是将一些低审计风险、高重复率的工作进行向外延伸。这些业务既有着较大的业务量，操作起来比较单一，并且容易进行规范。将这些基础性业务进行整合之后，逐渐引出公司内部，转移到财务共享中心进行。

业务流程再造实现后，为加快适应调整后的业务流程，海尔集团积极推进团队再造活动，加快进行财务管理人员及公司组织结构优化，实现机制方面的调整升级，并有效推进了集团内管理体制的整体优化。为迎合行业集中化发展的趋势，海尔集团将财务管理调整为法务、信息技术创新、业务协同等多个方向，并就具体的财务管理工作制定了相关的流程操作细节，以操作手册系统的形式实现了流程操作的规范化。

在海尔集团财务共享程度的加深过程中，会计核算基础工作并不是唯一着力点。通过对财务管理优化工作的细分，海尔集团将会计标准化推进同样作为财务共享的重点工作之一，从会计报表细节入手，实现了集团内编码系统的统一。

在之前基础上，2011年海尔集团财务共享的推进工作开启了高速发展通道，不仅财务共享中心的数据化建设圆满实现，而且通过公共信息网络平台运行，也为财务共享的深入和业财融合的实现创造了有利条件。考虑到财务共享中心建立对高级会计人才的需求，海尔集团向下属公司进行了人才的吸纳，在总部建设了一个共享单元，并将公司的优势资源向财务共享单元项目组倾斜，为项目组配备了专业的技术人员和尖端的专业能力与仪器水平。项目组工作以共享平台网络化为目标，使服务系统交互和与 SAP 共享服务中心的连接成为可能。经过试运营后，2012 年年底，海尔集团开始将财务共享进行大面积推广，全国省、市全部子公司进行了共享中心的依次接入。

2013 年，海尔集团财务共享中心已经实现了财务管理各项流程的规范化、标准化运作，对集团组织结构优化和运行效率提升起到明显的推动作用。对财务管理部门展开的专业训练，使财务管理的水平实现产品渠道、采购和资本管控等多方面的不断提升。通过集团财务网络系统的建立，财务经营风险实现了有效降低，也标志着海尔集团顺利完成从国内共享到世界共享，再到外包业务的衔接，实现了财务核算服务的专业化、集成化。海尔集团财务共享服务中心的建立是成功的，目前，海尔集团的 SSC 系统已经向全球法人系统开放，其通过规范化的会计核算流程再造、公司组织结构再造等，为全球公司提供了降本增效、管理优化的路径，为帮助全球公司实现财务共享、推进业财融合发挥着积极作用。

三　海尔集团财务共享服务中心的运行成果

海尔集团财务共享服务中心的运行成果主要包括构建了更高效的组织架构、建立了标准化业务流程以及统一了财务信息系统平台等，如图 6-2 所示。

（一）构建了更高效的组织架构

海尔集团财务共享服务中心以业财融合为核心，进行了集团组织结构调整，构建了更高效的组织架构，为实现公司战略服务。为此，构建了战略中心、业务中心和财务共享中心，以三个中心互相

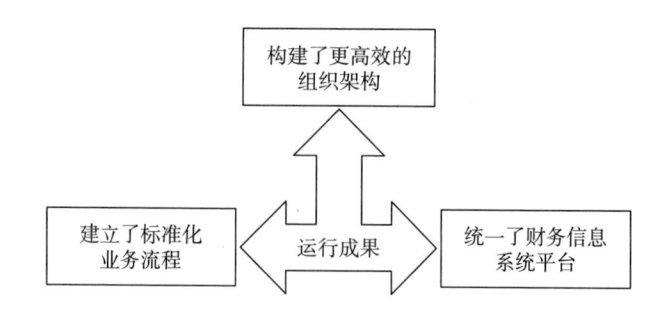

图 6-2　海尔集团财务共享服务中心运行成果

协作的模式推进集团的财务共享建设。其中，战略重心与财务共享中心相互穿插，为业务中心和共享中心提供公司发展战略层面的指导与管理，并根据从业务中心和共享中心收集到的反馈，进行公司战略方向的调整。平台方面设置了资金平台和会计平台，分别进行投融资管理和会计核算事务的运行。资金平台又细分为金融风险、资金运营和融资部分，而会计平台则以核算业务为核心，细分为八个具体模块，并进一步明确模块职责。在平台中，将会计总账、应收应付、费用核算、资产管理等环节都设置了标准化运作模式，其中的质量管理模块呈现对内对外双向性运行，除对其他模块负责以外，还承载了会计委员会的相关工作，而费用稽核模块则配备了电子报账、绩效核算、会计原始凭证等应用，使财务管理效率大大提升。升级后的组织架构突破了传统组织架构的弊端，改变了金字塔结构中，下层财务人员仅对上一层组织负责的模式，使工作流程呈现整体性和协调性优势，也精简了公司财务管理运作的相关成本。其财务共享中心主体结构完整，下属各子系统十分详细，使得相关信息和业务的处理实现一致性[①]。

（二）建立了标准化业务流程

海尔集团的财务共享服务中心将集团财务数据实现集中和汇总，

---

① 刘畅：《海尔集团财务共享服务研究的启示及问题分析》，《商场现代化》2021年第2期。

并通过建立标准化业务流程,对集团中上百个财务业务流程进行了系统化梳理,完成了集团财务管理质量优化的具体目标。基于财务共享服务中心的建立,应收账款、应付管理等核算规范化运行,使得财务信息的完整性得到显著提升。在标准化业务流程影响下,集团财务人员顺利实现转型,使财务管理、核算工作质量都有所提升,并且强化了对生产经营的决策支持功能。作为在集团财务共享中心系统内,财务信息以高效便捷的方式进行传递,既保障了集团对财务数据的即时接收,又加强了集团对下属机构的控制力度,实现整个集团经营风险的可控性。标准化的业务流程将传统经营模式下分散的个体进行了联系,打破了原有结构的限制,将销售公司统归商流本部,实现机构精简。并且,共享中心与下属财务部门采用直接管理关系,提升了财务信息的集中化程度,缩短了审批链条和等待时间,实现了效率优化。结算方面,通过内部清算超市的作用,将事前预算、预算标准、事中共享联系起来,在结算业务完成之后进行自动化入账,克服了结算拖延的障碍[①]。

(三) 统一了财务信息系统平台

财务核算的顺利进行需要立足于集团费用报销、会计核算、财务报表等的财务信息系统平台,为此,海尔集团构建了基于共享中心和管理会计信息系统的财务信息系统平台,实现了财务信息系统平台的统一。为实现原始凭证的高效准确录入,财务系统平台配备了先进的影像系统,并有针对性建立资金流转控制系统,实现对集团资金的精准把控。而会计信息系统则为实现公司信息化创造了途径。在财务信息系统平台中,为员工配备独立账号,供他们进行相关业务的办理。在系统中填写数据,生成表单并提交,通过审批后就会发送至财务共享中心,并自动关联做账凭证,整个过程从单据的发起到款项支付,都呈现着自动化、智能化的特点。

---

① 陈晓珊、蔡舒婕:《海尔集团的财务共享服务研究》,《财会研究》2020年第5期。

第二节　美的集团财务共享案例分析

通过分析美的集团财务共享服务中心构建动因与构建过程，可以发现美的集团财务共享服务中心的运行成果主要包括公司运营成本的有效降低、公司效率的显著提升以及集团财务及集团服务质量的实际优化等。

一　美的集团基本情况

美的集团成立于 1968 年，是我国白色家电的老牌公司。在成立初期，美的只是一个生产玻璃瓶盖的街道工厂，后来逐渐增加了皮球、五金、橡胶配件等产品。后续美的推出了明珠牌电扇，开启了电风扇产品的生产销售之路，1984 年又进行了关于空调生产的有关尝试。1993 年，美的将业务产品扩展至电饭煲、微电机等，此后不断进行业务领域拓展和制造公司收购。目前美的集团在房产、自动化和金融行业都占据着重要地位，也是白色家电的领军公司，建立了以电器、空调、机器人系统和智能供应链为四大主营产品的全球化经营模式。美的集团以为人们创造更好生活为目标，紧抓自主创新和战略发展的大方向，始终力求实现服务质量和运行效率的优化，在世界上超过 200 个国家和地区设置了销售、生产、研发基地，并于 2013 年在深交所成功上市。2016 年，美的收购了德国库卡集团，把握了全球领先水平的机器人自动化技术，2020 年，美的集团总资产突破 3600 亿元。

二　美的集团财务共享服务中心的构建

（一）构建动因

美的集团财务共享服务中心构建动因主要包含以下四个方面，如图 6-3 所示。

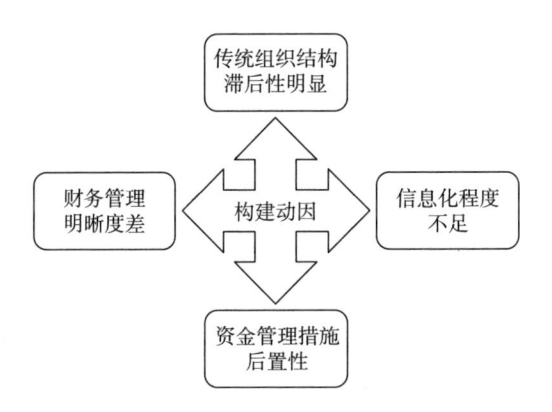

图 6-3 美的集团财务共享服务中心构建动因

1. 传统组织结构滞后性明显

美的集团建设初期主营业务扩张，进行了一系列的收购活动，并按产品类型采用了事业部组织结构，每个事业部负责一种产品线，集团公司对所有事业部进行统一管理。为此，设有家用空调事业部、中央空调事业部、生活电器事业部、冰箱事业部等。另设资金中心、采购中心、物流中心和小额贷款公司与各事业部平级。为保障事业部运行效率，考虑到不同产品线中存在的不同财务核算需求，集团为在各事业部中设置了独立的核算部门。进入 2000 年以后，美的集团开始信息化建设，三级结算体系中超过 20 个下属部门参与了信息化建设，但最终由于各部门电算化系统差异问题无法解决，其核算系统建设及运行并不顺利，一些环节还需要手工操作和录入，业务处理的效率不足。

2. 财务管理明晰度差

在事业部管理模式下，虽然各事业部独立核算，保障了业务处理速度，但也使得资金中心难以对事业部进行财务管理工作，无法参与具体的财务管理环节。当资金中心对各事业部进行财务管理时，常常得不到事业部的回应，只能配合财务管理部门作为辅助角色参与财务管理活动，这种财务管理模式使得资金中心对资金的掌控力严重不足。另外，资金管理运营计划不连续，只能要求各部门每月或者每季度进行提报，缺少过程性的监控手段，在实际运营过程中不能实时查看资金情况。此外，各事业部基于具体产品及流程需求，其采用的都是不同的核算口径，在汇总资金项目信息时就需要手工比对和导出，完成回传后再录入回系统中，这就容易导致手动录入过程中出现误差现象。

3. 资金管理措施后置性

传统资金管理模式中，相关管理措施的后置性是美的集团需要进行财务共享服务中心构建的重要动因。在传统管理模式下，财务管理将重点放在资金的流通管控，其关注过去发生的资金活动，而对未来资金活动，如资金的调拨和收付结算活动，则缺少管控力度。可以说，资金管理措施呈现后置性特点。这种管理模式没有发挥资金预算规划的重要作用，对公司资金链供应和流动资金稳定存在不利影响，资金管理存在一定的风险，任何一个环节的资金流通障碍都可能影响整条资金供应链的稳定，甚至严重时会引起资金链的断裂。

4. 信息化程度不足

美的集团的 ERP 系统没有能够统一深入各级子公司，由于子公司数量繁多，其采用不同的软件和不一致的资金口径，使财务核算难度加大，信息化程度不足。事中管理的缺乏也使得财务报告偏重结果而缺少过程性数据。

（二）构建过程

2011 年以来，随着互联网经济的浪潮席卷全国，传统制造业的生存空间遭到严重挤压，以大规模、低成本为特点的传统制造业受到较大冲击，必须放弃固有经营模式，转而寻求新的发展点。此时，美的集团调整战略方向，由追求规模向追求利润转变，寻找公司生存发展新的价值导向。并于 2012 年开始与 IBM 合作，开始关于集团数字化改革的设计和有关讨论，开辟了美的集团财务共享体系的建设步伐。美的集团财务共享服务系统选址在佛山市顺德区，以高效、全面、系统为原则，打造公司核心竞争力为目标，创造公司价值为核心，为实现美的集团的数字化转型发挥作用。选址确定后，美的指派专门人员组建领导小组，对集团内财务共享工作进行统筹协调，以行政层面出发将业财融合和财务共享推进放到公司生存发展战略的高度上。接着对财务共享管理项目进行了宣传，对项目实施效果进行了预期，并提前做好了相应问题预警方案。针对集团内关于财务共享中心建设经验不足的实际，美的集团组建了一只人才队伍，并针对性地开展了引进和培训工作。财务共享服务中心的建造按照由整体到细节的顺序，先确定框架，再根据具体业务进行整合再造。

2012年，美的提出一个美的、一个体系、一个标准，建立了包含产品生命周期管理、公司资源计划、制造执行系统在内的六个运营平台，三大管理平台和MIP、MDP两大技术平台。2014年，在ERP系统基础上，美的集团打造了美捷报财务共享服务系统，对集团内财务管理工作进行标准化分工，并针对不同岗位的具体职责对每位员工重新进行了岗位职责划分，并于次年开始共享服务系统的试运行。在试运行阶段，主要关注费用核销和应收应付环节中的可改进点，并针对总账问题进行操作，对试运行阶段出现的各类问题进行记录与反馈，优化了财务共享服务系统的整体质量。2014—2016年，美的开始个性化财务共享模式的建设。并于2016年年底，美捷报财务共享服务系统成功在美的实现集团化推广，使公司运行效率得以提升。美云智数有限公司成立，作为云计算服务商为美的集团打造移动互联网、大数据基础上的工业互联网专业解决方案提供商，实现了全价值链共享。

三　美的集团财务共享服务中心的运行成果

美的集团财务共享服务中心的运行成果主要包括公司运营成本的有效降低、公司效率的显著提升以及集团财务及集团服务质量的实际优化等，如图6-4所示。

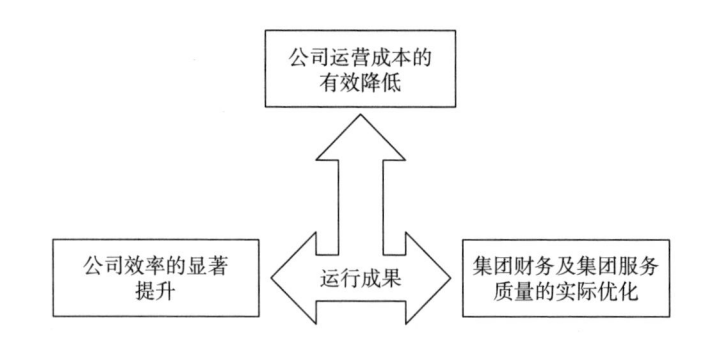

图 6-4　美的集团财务共享服务中心运行成果

（一）公司运营成本的有效降低

美的集团财务共享中心的运行极大限度地改善了财务管理岗位的冗余，避免了财务共享中心推进之前各部门日常信息中的重复部分，优化了公司资源配置，并通过成本费用利润率数据的改善，起到了促进集团财务管理转型升级和利润率提升的积极作用。通过对各事业部财务管理流程的分析，将其中重复性高、可实现统一处理的业务进行拆分，集中到财务共享中心进行批量解决，并针对不同的岗位进行不同能力人员的配备，使岗位人员只需处理短链条的重复性工作，实现规模作业，既能够有效发挥工作人员的工作熟练度优势，又能有效减少岗位所需人数，实现公司运营成本的有效降低。另外，在岗位职责变化的基础上，财务人员从核算业务中解脱，可以将更多的精力投放在财务信息处理和财务管理质量优化方面，深入业务流程的各项细节，其工作内容背后蕴含的公司价值就会更高。将财务工作进行分化，使核算会计和管理会计相分离，帮助公司提升决策科学性，抓住市场发展的机遇，打造公司核心竞争力[1]。

（二）公司效率的显著提升

在财务共享中心进行相关业务的标准化处理，能够有效发挥

---

[1] 仲溪凌：《数字化转型下美的集团财务共享服务系统中心的优化研究》，《科技创新与生产力》2022 年第 4 期。

业务流程集中化的优势，实现将分散状态的业务流程统一收归，在费用审批等环节能够实现会计信息的加速处理和公司效率的显著提升。基于信息化的财务共享中心系统，实现公司财务系统和生产、销售、研发等模块的融入和对接，建立了统一的业务标准，能够让财务管理深入集团业务的每个具体流程，有效发挥财务管理的事前事中监督作用，改变财务和资金管理的后置性，使相关财务管理报告不仅能够涵盖结果性数据，也能够针对具体业务过程给予过程性评价，为公司管理层提供决策支持建议。在美捷报系统的作用下，集团总部和各分部能够实现互通，相关费用报销单据能够高效传递，经负责人员处理后，上传至共享中心，能够直接完成核对审批和付款工作。发起单据的业务人员只需要进行相应需求的填报，等共享平台完成单据上传和存储后，会使公司工作效率显著提升。另外，财务共享中心开创了新的信息传输处理方式，通过现代化的信息技术，打造财务信息传递的新体验。在财务共享服务框架下，会计信息系统能够即时接收有关公司的最新业务数据，便于会计信息系统将这些数据进行及时处理，并以此编制财务报表。此外，财务共享中心也可以完成对数据的指标化处理，使会计信息处理时间有效缩短，在有限的时间内能够处理更多的单据和信息，加快了集团业务处理整体效率的提升[1]。

（三）集团财务及集团服务质量的实际优化

财务共享中心建成之前，由于集团规模庞大，总部和分部进行有关财务核对工作难度较大，不仅涉及一些不同的地区政策和不一致的数据口径，还与一些具体的质量指标设置、操作误差等要素有关。但由于账务核对的必要性，财务部门需要定时定期进行核账工作，为此花费了大量的时间和精力，并且也使得收款周期延长，不

---

[1] 张利霞、陈煜雯：《财务共享视角下美的集团业财融合的案例研究》，《科技经济市场》2021年第9期。

利于客户满意度和财务服务质量的提升。另外，各部门信息互通的程度较差，信息不对称现象明显，要进行信息数据的同步难度较大，并且需要耗费一定程度的人力资源和时间等。随着财务共享中心的建成，集团内部的账项口径实现了一致化，使得总部和分部进行对账工作效率明显提升，既实现了员工减负，又保障了财务管理的质量，并且能够有效优化集团服务的整体质量，提升了客户和合作方的满意度。在财务共享中心的作用下，各系统实现数据高速互通，使信息传递更为便捷，各项业务都可以按照集团统一标准进行，使财务服务质量得到明显优化[①]。

共享服务的落地使公司再次走上高速发展的快车道，实现业绩效率的双提升，保障了公司在市场竞争中的核心竞争力。通过应收账款周转率的优化和存货周转率的提升，公司的财务费用得以下降，使公司具有更加充分的资金储备，并能够将相关资源向提升服务质量、巩固客户群体及稳定市场方面倾斜。集团总部通过运营指标的设立和考评，深入了解各子系统的运营能力以及业务核心，强化总部对分部的管理抓手，并且能够实现各项优势资源的合理配置。随着财务共享中心功能的不断升级，供应商、客户和渠道商都能够开放连接端口，形成价值协同体，从而实现多主体的互联互通，从而实现集团服务质量的整体优化，打造更为紧密的互惠合作关系。

第三节　案例启示

通过分析海尔集团与美的集团财务共享案例，发现其财务共享中心运行取得成功的因素主要包括以下几个方面，如图6-5所示。

[①] 耿明通、刘姝恬：《美的集团财务共享中心优化研究》，《合作经济与科技》2020年第23期。

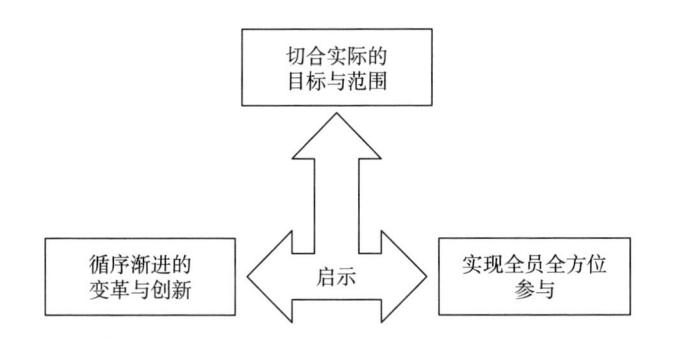

图 6-5 案例启示

一 切合实际的目标与范围

公司进行财务共享管理体系的构建，首先需要确立一个切合实际的目标，并随之明确与这一目标相适应的管理模式和服务范围。切合实际的目标与范围为公司的财务共享管理体系建设起到指引性作用，为财务共享管理体系建设工作提供了实施标准和参考，保障了相关工作是按照既定目标和方向来进行的。美的集团会计信息系统的建设目标就是实现财务的集中管理，实现业财一体化，打造公司集团和外部信息交流渠道，优化信息传递。海尔集团进行财务共享中心建设的主要目标就在于解决财务组织分散、相关财务制度难以贯彻的问题，强化财务管理的决策支持功能，实现财务系统完善。实际上，美的集团和海尔集团进行财务共享的有关尝试都达到了既定的目标，实现了对公司财务组织结构的优化和效率提升，迎来公司发展的新的升华。通过对海尔集团和美的集团有关财务共享中心的建设和财务管理转型升级过程的分析总结可以看出，财务共享和业财融合作为时代发展的大势所趋。尤其是对于前期以规模性扩张为主、相关组织结构呈现分散分布特点的大型公司而言，进行财务管理转型和财务共享，是顺应时代发展趋势的必然之举。但财务共享中心的建立作为公司财务管理的核心内容，要实现落地和充分利用需要克服许多困难，也蕴含着诸多风险。如果缺少切合实际的目标与范围，就可能导致公司财务共享中心建设工作出现偏移，继而影响公司的流程再造和组织结构优化工作，最终不利于财务共享程度的加深和业财融合目标的实现。智能化时代的到来对公司生存发展带来了新的考验，公司要跟上信息化大环境的发展趋势，就要不断提升信息化水平，实现业财融合。为此，公司基于自身运行的实际需求和市场环境，结合公司发展战略，进行财务共享目标与范围的确定，奠定了业财一体化和财务共享的发展基础，对公司实现财务共享程度的顺利推进具有重要意义。在进行财务共享目标与范围的确定过程中，要深入了解公司财务管理中存在的各项弊端，针对性提出解决方案，并在财务共享中心建设过程中实施。可以说，公司财务共享管理模式目标和范围的确立是共享中心能否实现顺利落地的关键要素和核心，其合理性与公司财务共享中心能否正常发挥降本增效和服务质量提升的功能具有密切联系。

二 实现全员全方位参与

财务共享体系的成功构建与公司能否获得员工充分的支持与认可是分不开的。建设财务共享中心是突破传统经营模式、改变现有组织结构的重大转型，是脱离以往模式弊端的束缚、整合子单位经营业务的创新尝试，对于任何公司来说，进行财务共享中心建设，推进业财融合都是重大改革。而由于公司组织结构、业务流程、财务管理等事项都与每一位员工息息相关，为此，要进行财务共享中心构建，必须获得公司员工的支持和认可，同时具备公司最高管理层的重视，并且在财务管理转型升级和业务流程再造的过程中保证一定程度的透明化，才能赢得员工的信任感。充分听取员工关于业务流程升级的意见，引导员工积极配合公司财务共享程度的不断提升，并激发培养有关财务共享和业财融合下个人成长发展的内在动力。

对于财务共享服务管理而言，将原有的业务单位、组织结构进行整合再造，再根据实际的业务需求进行处理划分，减少机构冗余，加大财务管控力度，将分散至各子单位的财务管理权向总部集中，实现总部的财务整体管控以及动态监控措施。因此，公司与员工需要建立互相理解、互相信任的格局，共同参与，共同努力，通过新的培训和学习路径，帮助员工实现工作技能升级，快速适应财务管理模式的创新变革。在这个过程中，公司不但要将业财融合和财务共享的必要性进行宣导，帮助员工建立起有关财务共享中心建立的必要性认识，还要为员工提供职业发展规划的相关建议，帮助员工适应财务管理转型升级对原有工作模式带来的冲击。针对员工对新岗位职责和财务共享中心运行初期的各种不适应现象，公司可以通过设置新岗位保护期，通过灵活的薪酬制度鼓励员工进行自我学习和升级，主动融入公司财务共享中心建设和财务管理转型的过程中来，实现专业能力的进一步提升，也带来公司人力资源质量的整体优化。

三　循序渐进的变革与创新

在美的集团财务共享管理模式实施前，集团先召集了相关管理层和高层，收集管理层对该项目实施的具体意见，并列出关键点进行研讨，分析项目落实可能需要面临的困难，以及确立初步的落实计划。之后进入流程设计阶段，对当前流程进行细化分析，在业务部门展开信息反馈，明确业务流程设计过程中主要存在的几个问题，再进行信息化建设，并为此配备相应的人员、办公地点资源等。试运行过后，关于财务共享模式又进行了流程细化和范围扩大，为共享中心运行配备了充分的保障措施。

海尔集团在前期筹划过程中，也经历了对公司运营情况的合理评估，之后才进入设计阶段，并按部就班地实施、完善和优化。在此过程中，从战略层面到组织执行层面，都配备了相应的风险管控措施。从美的集团和海尔集团进行共享中心建设的前期筹备阶段可以看出，公司进行财务共享升级和业财融合需要充分的事前评估和准备，从人力资源到项目支持，再到流程设计完善和风险管控，都是实现财务共享中心顺利建成并投入使用的必要保障。变革和创新并不是一蹴而就的，是一个需要时间的过程。固有的财务管理和公司运营模式，虽然存在一定的弊端，但毕竟已经在公司中运行多年，要进行改革不是短期内能快速实现的。无论是员工关系的处理还是理念的转变，无论是新旧财务管理体制的磨合以及业务流程的不足，都需要一定的时间，因此，循序渐进的变革与创新是公司能够实现财务共享优化和业财深入融合的必要条件。

对于公司传统财务管理人员而言，短时间内完成理念转变可能性很低。财务共享管理模式作为新概念，对传统运营模式的冲击性较大，因此员工一时之间可能很难适应。但集团推进财务共享中心建设工作并没有"一刀切"，而是给员工充分的接受和缓和时间，带领员工建立正确认识，并提供丰富的培训学习机会，加强对财务共享和业财融合工作的人员储备，并以透明化的操作获取员工信任度，从而积极加入公司财务管理转型工作中。

第七章　公司财务共享运行与优化建议

基于前文分析，本书建议从以公司战略为导向，减少资源浪费，加强技术应用，提高信息系统的整合水平，克服共享中心优化与升级所面临的实际障碍、加强团队管理建设，实现财务共享中心的可持续发展，优化相关业务流程，提高单位内部多方管理的参与度等方面来进行公司财务共享的优化，如图7-1所示。

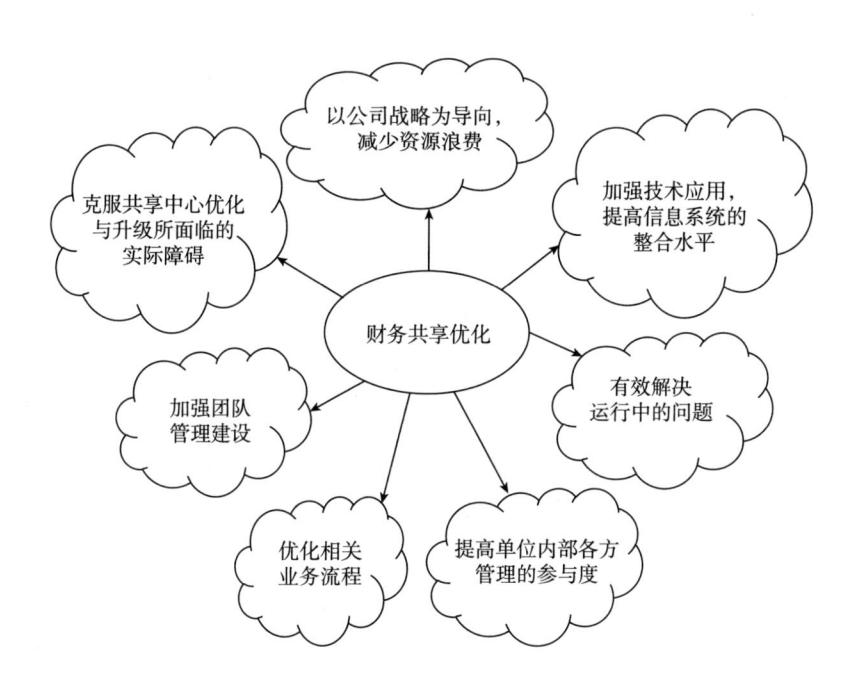

图7-1　公司财务共享运行与优化建议

第一节 以公司战略为导向优化财务共享内部控制

公司财务共享中心功能定位应遵循公司战略，加强财务预算的控制力度及考核标准，以公司战略发展目标为切入点优化财务共享服务中心内部控制。

一 公司财务共享中心功能定位应遵循公司战略

以实现公司发展战略为核心，以保障公司平稳运行为前提。战略是公司的灵魂和精神，在现代公司管理中起着核心、主导和决定性的作用，在公司战略的影响下，公司才能够进行相关方向的决策，明确阶段性和整体性的发展目标，凝聚优势资源。对于公司来说，战略存在的理由是为了解决公司任务执行过程中的各种信息资源需求，指明公司前进和发展的根本方向。而公司财务共享中心作为现代公司的管理系统之一，在对其进行优化和升级时，应充分围绕公司战略，从而保障财务共享中心能够发挥出其实施和保障的作用，实现既定的目标。从本质层面出发，公司财务共享中心需要配合整个公司的战略来进行合理规划，二者相互协调融通，旨在充分调动与发掘市场潜力，在满足客户需求的同时，科学配置公司人才资源与信息资源，减少资源浪费，提升公司的竞争能力，从而为公司创造更多的经济价值。从实际操作流程的层面来看，财务共享中心的运作流程就是将公司内部资源进行集中整合，再根据整合后的数据将公司战略目标进行多层次的分解，之后再将各分解项目进行落实与执行。财务共享中心是推动公司战略目标顺利实施的有效途径。在财务共享中心运作和相关策略实施的过程中，公司的高层管理人员会根据公司当下发展状况制定相关的战略与任务目标，然后通过与财务共享中心的有效衔接将公司战略目标具体化，实现从理论层面到实际层面的转变，从而使战略目标具有更高的可理解性与可执行性。在此过程中，公司管理层应该重点关注这些重要的内部流程以及构成每个核心流程的活动轨迹，并为每个流程和相关部门设定合理的预算目标，便于相关战略的推进和具体措施的落地。从内部流程、员工培养和资源整合等层面入手考虑公司战略的实现路径，根据公司的外部市场环境预测工作和资源消耗，并通过财务共享中心推进与驱动战略实施，确保各项任务的可控性与协调性[1]。由各部门编制并上报预算计划，公司高层根据战略目标对资源需求做出合理配置。除此之外，公司战略的制定要充分围绕外部经济变化，加强对内部系统的定期调整，避免因长期固化模式运行导致战略发展与外部经济环境出现不适应现象。

二 以公司战略发展目标为切入点优化财务共享服务中心内部控制

只有制定明确的发展目标，才能发挥出其在公司发展中的指导作用，为公司提供更为合理的运行方案。通常情况下，公司在发展初期制定的战略目标主要针对如何提高工作效率与质量。但随着社会的不断发展，更多公司在获取了相对稳定的发展状态之后，战略目标也逐渐发生了转变，脱离了单纯增效的层面，改为在增效的基础上寻找更多减少资源输入的有效途径。因此，财务共享中心的优化与升级既要满足公司关于增效的目标需求，也要帮助公司寻找减少资源输入的途径。以公司的战略发展目标作为工作开展的切入点，更有助于实现对共享中心功能的升级和内部控制的优化。公司需要通过不断优化与升级财务共享中心，促进共享中心与公司战略发展目标的融合加快公司自身管理理念的升级，提升管理层的管理水平，从而提高公司对内部控制的管理效能，优化公司管理质量。

同时，财务共享中心还需为公司不同时期的发展战略提供相应的财务支持，顺应时代发展趋势和行业发展方向，进行功能转变和

---

[1] 向栋良：《成航工业安全系统有限责任公司发展战略研究》，硕士学位论文，西南财经大学，2012年。

升级。通过完善财务管理流程，让公司对内部财政收支情况进行精准掌握，在推进财务共享服务中心优化的过程中，公司首先必须确保内部具备高质量的工作流程，打造高效化、协同化的工作机制，继而能够具备全面分析业务信息、整合与筛选重复类信息的能力，以此来减少因重复类信息过多导致的工作效率低下问题。其次，为了有效杜绝业务混乱的局面，公司需要明确对各部门的职责权限划分，将业财融合过程中的具体工作进行细化和落实，防止在项目进行过程中出现职责不清、责任推诿的现象。最后，公司管理层要积极发挥领导作用，鼓励财务工作人员主动适应变化，加强学习，改变传统核算工作中的固化模式和思维，培养业财融合和财务共享的先进理念，结合时代发展需要不断提升自身综合素质，完成由传统财务向管理型财务的顺利转型。财务人员在强化了自身数据整合与分析的能力后，能够为公司提供精准度更高的信息数据，为公司的可持续发展战略目标提供更有力的数据支持。积极引进先进的互联网信息技术，结合公司运行实际打造更适合自身发展的信息化平台，促进各部门间与财务共享中心的有效沟通与协同合作[①]。

三　加强财政预算的控制力度及考核标准

财政预算系统主要包括事前、事中和事后控制三个方面的内容。其中事前控制是指公司在制定战略上的预算指标时，以公司战略为基础，围绕战略重点实施编制、分解和下达任务的决策过程。通常情况下，事前控制在整个运营流程中占有较为重要的地位，其除了需要制定详细的预算指标外，还需要根据业务流程及员工表现制定标准的业绩评价及考核系统。事中控制主要是指在战略实施过程中，对系列流程及行为进行监管、控制与审批的行为，其中监管主要是负责对任务指标的完成程度进行持续跟踪，并及时地将财政预算运用状况反映给总部。业务审批则是对预算方案进行事前及事中

---

① 刘政欣：《财务共享服务中心优化探讨》，硕士学位论文，江西财经大学，2021年。

核查，在规定的内部授权职责范围内，确定项目条款无异议才能继续进行后续流程。

事后控制主要是指在采取实际行动后，通过分析与比较实际绩效与制定标准的差异，采取相应的措施纠正实际行为造成的错误与偏差，并针对产生偏差进行相应的考核。在优化预算监管的过程中，要充分关注主观与客观条件变化，保证整个流程具备科学性与可控制性。在调整预算方面要建立完善的审计制度，只有严格、规范相关程序，才能使预算行为得以有效开展。公司财务管理部门应重点加强对执行过程的全程监管，定期进行审计追踪，并根据追踪结果编制预算执行报告，全面对财务预算的执行状况进行深度分析，及时发现差异并追溯产生差异的详细原因，再根据实际状况提供实施建议与解决办法，确保战略目标顺利实现[1]。

除此之外，加强对全面预算的考核标准也是整个流程中的重要环节，在原有基础上增加奖罚机制。在各项计划期末，对接相关责任部门，将执行结果与财务预算报告进行比较，并根据比较结果编制绩效评估报告，最后通过报告结果进行相应的惩罚与奖励。但要注意的是，考核标准的制定并不能是固定的，而是需要从岗位实际以及公司各职位层级出发，对各级管理人员和普通员工都需要有不同的评价侧重点。比如对高级管理层人员，重点需要考核其的领导力、决策力以及对预算目标的规划能力；对中层管理人员，主要考核其在遭遇突发事件时的应变能力，以及对事件处理的准确性与效率性；对基层员工，主要考核对核算工作的完成度及质量。以公司战略为导向，客观公正地设立奖罚机制，能够帮助公司更好地管理预算，以此来实现战略目标的最优化。

---

[1] 陈洁：《中小型风电企业运用财务管理信息化手段提升经营管理水平的探讨》，《商业观察》2022年第6期。

第二节 加强信息技术应用建立高效财务共享平台

加强互联网信息技术的协同应用,建立共享服务信息化平台,优化财务共享服务中心的内部管控,加快促进人工智能、大数据技术与信息系统的结合。

一 加强互联网信息技术的协同应用

建设公司财务共享中心,并且在后续的发展中保持稳定的运行及后续优化升级,必须要有完整系统和先进技术作为发展前提,为建设有保障的信息互联系统提供有力依托。随着公司业务规模的不断扩大,传统的财务运营模式已经无法满足现时段公司发展所需,需要更强大的信息系统为公司财务共享中心的数据信息提供支撑。重点需要从内部核心的财务管理系统以及基础运营体系入手,通过互联网新兴技术,改善传统财务管理系统中的弊端,让现行系统能够更适应时代需求,为公司提供有力的发展保障。随着大数据时代的不断发展,信息技术的不断创新,云计算机、移动互联网、数据挖掘等技术应运而生。公司财务共享中心的优化必须以适应财务共享模式为前提,通过互联网技术提升网络信息平台的稳定性与高速性,实现各部门间通用会计业务的汇总与执行,为跨地域服务提供便利的服务条件。实施财务共享模式的重要支撑点也取决于对信息技术的合理应用,才能保证与财务共享相关的信息系统能够具有持续性与稳定性。在利用网络技术强化财务信息系统前,公司需要深入分析和排查网络信息技术的隐患。并通过系统中存在的漏洞,寻找较为适合的风险管理系统及安全防范办法。

另外,还需要加强对内部员工访问系统的权限控制,按照不同管理层级设置相应的访问权限,完善财务管理中心应对风险的防控能力及抵御能力。除此之外,还需进一步加强流程系统及审批对接系统改造，实现财务信息系统的全面优化。完善公司内部财务会计系统和财务共享中心网络信息端口的升级，使系统使用者能够更为便捷地与服务中心完成对接[①]。对财务内部控制相关工作的风险点及防控措施进行全面的设计，注重对管理层人员工作权重的合理配置。在进行数据对接过程中，要充分考虑和总结财务编制过程中公司管理的各项参考要素，尤其是财务专业人员相关工作的决策设计。严格控制信息技术系统的诸多影响因素，加强对数据信息的管控力度，尤其是要特别关注信息技术相关的安全与维护问题，提高接口和防火墙功能的安全性，并通过构建相应的 IT 系统，使信息技术资源发挥出更大的作用，在财务结构上实现更多的集成管理，让信息化资源在财务转化过程中不断发挥出效能。

二　建立共享服务信息化平台，优化财务共享服务中心的内部管控

为了使财务内控体系得到进一步优化，提高财务共享服务效率，公司需要在信息化发展基础上，搭建一个融合服务与共享资源的信息化平台。通过借助信息化平台，能够促进各单位之间实现数据互通，如此不仅能够加强各部门的协调沟通能力，更能大幅度提高各部门的运作效率，让员工有计划地进行财务运作，为事前计划、事中管理、事后统计提供有力保障。以互联网为依托开展财务业务，公司通过互联网能够快速把握行业发展动态，在发现异常时能够准确做出反应，对其经营管理方案和投资方案做出及时调整，以此来保障公司经济的稳定发展。由此可见，建立良好的信息共享平台是顺利实施财务共享服务的重要前提。除此之外，公司在优化与升级信息平台时要从实际出发，定期做好信息化系统的维护，使其功能不断完善优化，优化重点主要有以下几个方面。

其一，优化财务费用报销流程。员工在进行报账业务操作前，

[①] 孙瑜、钟思棋、冯筝筝：《智能时代高校财务人员职能拓展的思考》，《审计与理财》2022 年第 5 期。

必须先通过登录平台扫描上传相关信息，待财务部管理人员确定与核实后，方可凭确认记录进行报销。

其二，优化账务处理流程。在信息化技术基础上，公司为实现财务共享建设账务处理系统，相关人员将待处理的业务凭证在ERP系统中进行上传，提交到共享中心。根据账务处理系统的既定流程，共享中心将自动新建记账凭证。然后再通过影像扫描技术，对相关业务凭证进行扫描，并且提取其中的关键信息，进行智能化识别，将业务凭证中的图像和文字进行分别处理，并可以通过对二维码的读取，提升业务处理效率。基于影像扫描技术对业务凭证中的数据进行分析，帮助公司实现业财融合，提升财务共享程度。

其三，加强对互联网技术的应用，促进新旧信息业务体系与流程的转换。当公司发展至一定规模时，公司信息平台的数据库资源会越来越多，传统的信息处理与维护手段已经无法稳定地维持信息平台的运转。因此，公司有必要结合公司发展战略，利用强大的IT系统改善数据管理，对信息系统重新进行规划，减少传统运行体系中不必要的流程，实现新旧系统的融合与更替，使平台具备更稳定的兼容性、更广阔的开放性和更合理的适用性。持续优化共享信息平台，可以在实现资源整合和规模效率目标的过程中产生协同效应，更利于公司持久性战略目标的达成。

三　加快促进人工智能、大数据技术与信息系统的结合

公司财务共享中心的优化和升级离不开智能化信息系统的支持，为此，要加快促进人工智能、大数据技术和公司信息系统之间的结合，利用智能化技术帮助公司进行基本业务操作，代替人力完成工作任务。近年来，人工智能技术和大数据技术发展迅猛，在一些专业领域对人工智能技术的应用越来越成熟，甚至有的在工作准确度和处理效率方面已经远远超过人力数据，表现出更强的优势，尤其是在智能化分析和监测环节，更是凸显了强大的功能。因此，在公司财务共享中心优化升级过程中，也要熟练运用大数据技术和人工智能技术，以帮助共享中心发挥优势，同时也要注意防范关于信息

系统内蕴含的相关财务数据的风险，做好数据安全的保障工作。公司可以通过组建安全小组的形式，对信息系统进行技术维护工作，并且探索人工智能技术和信息系统融合的路径，使信息系统以更加智能化、高效化、专业化的方式开展相关工作。另外，要积极开发人工智能关于财务数据处理和分析的功能，搭建公司安全保障防火墙，定期做好病毒库的相关记录和更新工作，使病毒防御能力能够得到增强。为实现24小时防控，可以在系统状态与技术人员之间建立衔接，当系统遇到风险时通过向技术人员发出信号，从而实现实时防护与风险处理，为公司财务数据安全保驾护航。加快促进人工智能、大数据技术与信息系统的结合，并将人工智能和大数据技术与公司财务管理转型工作进行有机连接，通过梳理集团和下属分公司的软件交互情况，实现不同系统之间的互通，在保障系统稳定的前提下，实现数据的高效交互，为信息采集提供便利。

公司积极开发人工智能和大数据技术与信息系统结合，要基于公司发展战略和财务管理转型的实际，对财务数据进行分析，并以此确定具体的发展方向，优化公司决策。此外，还要加强对移动互联网的应用，实现业务审批、流转和管理的移动化。可以通过建立信息系统客户端，使员工实现掌上业务的操作，并可以在掌上业务端随时进行单据状态的查询，了解相关业务的审批进度。将大数据技术和人工智能技术用于公司信息系统掌上客户端的建设方面，可以开放后台智能窗口，让员工自助查询关于公司运营和业务操作的信息，还可以了解公司最新规章制度和市场发展的动态。业务端可另设交流平台，让员工与员工、员工与管理层之间可以实现交互和沟通，为员工提供匿名反馈的渠道，向公司提出合理化建议，加强上下层级的交流沟通，实现公司战略目标的全员全过程参与。

第三节　有效解决共享中心优化与升级所面临的障碍

积极克服财务共享运行过程中面临的组织结构、财务风险以及人员流失问题，才能有效解决共享中心优化与升级所面临的障碍。

一　组织结构问题

虽然财务共享中心为公司提供基础核算业务集中处理的服务，与各部门建立了业务互通和系统单据流转渠道。但由于传统经营管理理念以及其他因素的影响，财务共享中心并不具备对实际业务的管理权或者决策权，容易存在当经由共享中心的业务出现潜在问题时，造成一些责任推诿现象。财务共享中心一般采用会计审核流程，将所有完成审批手续的业务单位自动转入联办任务中心，再由中心将任务分别配置给不同的财务工作人员，最后由工作人员按流程处理数据信息来源、核算及备案等环节。虽然这种模式能够有效避免因公司发展规模变大导致的数据积压问题，也能使管理者方便对各项流程进展进行严密监管，但是也存在一些弊端。由于任务派发机制缺乏合理性，财务人员可能会在同一时间段面对不同公司的不同类型业务，加上共享中心人员承办业务的流程较短，任务量也非常集中，需要在较短的时间内完成大量单据的经办，每个员工在处理不同部门的业务时需要频繁地与相关单位进行对接与沟通，可能会出现不同子公司的业务情况产生混淆的状况。在导致了公司内部潜在核算风险上升的同时，也增加了许多人力沟通成本，非常不利于财务共享中心的稳定运转。

为有效地解决组织结构问题带来的负面影响，首先公司应该赋予财务共享中心一定的管理职能。负责公司财务的高级管理人员也可以作为财务共享服务中心的成员，定期到共享服务中心进行督导和现场检查，同时，通过电子邮件形式向当地公司及时发布配合通知，并根据配合程度给予明确的奖励和处罚。其次，需要进一步强化各分支机构财务部门的管理职能，发挥出财务转型后应有的管理作用。在财务共享服务推进过程中，要关注公司会计岗位职责变化，推动会计传统核算模式的转型，优化财务部门监督功能。在新的工作模式下，要采取相关措施明确权责，避免共享中心和财务部门由于权责划分不清而产生的推诿扯皮，导致相关问题悬而未决，影响公司正常运行秩序。要保障下属业务范围的财务部门能够充分发挥监督责任，针对一些监督执行到位的单位给予一定奖励，并对监督不利的部门做出相应处罚。另外，由于业务的集成化处理，相关业务凭证和账簿资料能够由财务共享中心收集，但实物资产还是由各下属分部留存，这就导致了账实分离，对于财务管理造成一定难度。最后，各下属单位还要注意对损毁资产的调查，提升资产监督管理质量，明确资产损毁的原因，并且对资产毁损工作按照标准化规范化的模式进行，将相关数据及时向财务共享服务中心传输，完成流程审批工作。

二 人员流失问题

在公司财务共享中心初建并被投入使用时，财务工作人员往往会表现出不同层次的疑惑，认为财务共享中心的到来将意味着会计人员会因工作量的减少，面临岗位调整或者公司裁员。但这些疑惑并不是没有根据的，如果公司在财务共享中心成立后仍然保持原有的组织架构，那么财务共享中心的设立就毫无意义，但也不能将导致这种现象的原因都归结于财务共享中心所致。虽然财务共享中心的应用会加快财务人员的工作转型，即由传统核算财务转变为管理型财务，使工作性质发生了一些改变，造成不同程度的人员流动。但在公司进行业财融合、构建共享财务中心之前，财务部门工作人员的流失率也较高，主要原因是财务部门的工作模式较为固定，并且相关人员需要承载大量的基础核算工作，占用了重要的工作精力和时间，也造成了相当的压力。久而久之，在这样的工作模式下，工作人员的工作热情逐渐下降，工作积极性逐渐减少。流水线式的工作流程和对员工职位的频繁调动都是导致人员流失的主要原因，势必会影响整个公司的经济效益。为有效改善人员流失问题，公司首先需要让员工明白，在信息化时代下，财务变革已是大势所趋，而财务共享中心的运用并不是造成员工流失的主要威胁，相反地其在促进财务管理转型方面还具有非常重要的作用。公司信息化进程不再仅仅通过财务部门创建数据源，传统的会计报表形式已无法全面适应各级管理人员的实际需求，如果财务部门仍然固守自己的思维定式来完成财务工作，那么这种高度重复的工作流程势必会被社会发展所淘汰，也必然会被更为高效的方法所取代。

财务共享中心作为帮助重组和改变财务人员的关键因素，能够有效地减少财务人员的工作量，降低公司会计核算成本。同时，也能促进核算人员完成管理财务的转型，使工作人员从大量烦琐的基础工作中脱离出来，共同参与公司管理会计决策当中。在传统的财务工作流程中，财务工作人员往往需要在同一时段兼顾来自不同部门的财务业务，需要花费大量的时间与精力与相关部门协调与沟通，根本无暇顾及对业务部门提供决策支持。但是，当共享中心被投入使用后，传统需要财务人员人工输入和汇总的大量数据已经分散到各大业务部门，使数据间形成了共享，不仅减轻了财务人员的工作难度，同时也使数据更具有准确性。从一些启动共享服务中心的公司来看，现行财务部门的作用并未被削弱，相反的是通过共享中心的作用，公司各分公司、子公司的财务部门已经不需要在基本的财务运作中花费太多精力，可以更加专注于支持公司的决策和分析公司的经营状况。财务人员在公司内部受到了足够的重视，也有效地解决了人员流失问题。

三　财务风险问题

在公司正式实现财务共享中心运行之后，能够有效提升业务运行效率，在为公司实现财务管理转型的同时，也实现了子单位业务流程的集中化和基础财务核算业务的批量化处理。但在实际运行过程中，由于受地区等要素的限制，共享中心的工作人员只能凭接触到的订单进行相关业务操作，对于业务单位的业务流程和轨迹无法充分的了解，因此，会产生一些相关信息对公司财务运行情况反映不准确的现象，导致公司面临一定业务层面的风险。从系统的安全性方面来看，共享中心的运行依赖于海量、复杂且高度信息化的数据，而信息系统安全程度又关乎数据的安全，在无法保证信息系统安全的情况下，公司势必会面临一定的管理风险。一方面，由于财务共享中心应用公司的时间较短，优化与升级的程度还不够，难免会出现服务系统与公司内部系统不兼容的现象，使部分功能无法正常使用，在一定程度上造成信息对接不畅，严重者可能引发数据丢失。另一方面，由于公司内部针对信息库访问权限的职能设置不够合理，在共享服务运营过程中可能会造成越权访问数据库盗取与篡改数据的可能，非常不利于公司数据安全。从员工适应程度来看，在财务共享模式正式启用后，公司的传统核算模式也随之发生转变。公司通过优化传统作业流程，将原本分散的会计业务进行集中处理，这就意味着公司需要更多能够操控系统的管理型人才。

实际上，公司内部现有的财务工作人员能力与素质水平参差不齐，导致部分员工无法快速适应业务流程的改进，业务流程的标准化难度使其在进行某些业务操作过程中无法适应新的工作制度，不仅严重影响了整体财务的转型进度，同时也给系统的操作稳定性带来了一些风险因素。最后，由于财务共享服务中心在运营过程中存在上述的风险因素，因此事前风险评估和事后财务绩效监控就显得尤为重要。如果缺乏相应的评估制度，就会导致公司的经营风险无法得到有效遏制，最终因管理不善为公司造成巨大的经济损失。

为了有效地缓解公司财务风险问题，公司需要从以下几个方面提升安全性建设。首先是加强信息系统建设力度，在引入财务共享系统的基础上，对新旧系统的部分功能模块程序进行改造，从而保证各项功能都能发挥出应有作用。同时，加强对备份数据库的功能扩展，要求员工在实际操作过程中能够及时对数据信息进行保存，降低数据丢失的可能性。其次，要加强对财务人才的培养力度，通过集中培训等方式，让员工详细了解推行财务共享机制的必要性，并帮助员工提升个人素质，推动财务人员快速适应需求变化。最后，要正确执行风险评估任务，确保公司风险防控落到实处。风险防控作为公司运营管理的重要环节，关乎着整个公司是否能正常运转。为此，公司需要尽快完善和落实风险评估任务，协调财务共享服务中心的事前风险评估和事后绩效评估制度。在构建制度时，应从实际出发，结合自身需要打造符合公司战略发展目标的考核体系，持续对整个业务流程进行监督，以此来降低公司运营风险。

第四节　加强团队管理建设实现财务共享可持续发展

强化财务人员的培训力度，促进财务人员的转型、明确工作内容划分，以期实现合理配置职能目标以及增强财务管理人员的风险意识和应对能力才能加强团队管理建设实现财务共享可持续发展。

一　强化财务人员的培训力度，促进财务人员的转型

公司建立财务共享中心是提高业务处理效率和解放工作人员的有效途径。随着共享模式的不断应用，公司对于财务人员的职能需求也发生了明显变化。为了能更好地适应时代发展需要，公司要求员工不仅需要具备传统核算的工作基本技能，更重要的是能够拥有参与公司流程建设的能力。为此，公司迫切需要建立专门针对财务共享中心工作人员的培训体系。重点需要改进传统培训形式与方法，对新老员工进行分别培训。对于新员工，要进行集中培训，帮助其快速熟悉与掌握共享中心财务制度与运转流程，使其快速地与发展步伐相适应。对于老员工要在集中培训的基础上进行强化训练，鼓励他们早日摆脱常规工作模式，根据自身的经验匹配不同难度的岗位，逐步学习与落实，尽早地完成财务管理转型，并参与到

公司高层的各项管理活动中。通过不同方式组织开展各种培训，打造一支高素质的财务队伍，积极参与公司经营与管理，能够大幅度提高工作效率与质量，为公司创造更高的价值效应。人力资源作为公司中最重要的核心资源，是实现公司集团财务共享中心信息化建设的基础所在。定期对员工进行培训教育，不仅是对员工财务业务能力的提升，更重要的是通过优化员工的整体素质，能够为公司增加更多的发展动力，实现公司和员工的共同进步。

除此之外，还可以通过绩效考核的形式，促进员工的个人利益与公司的发展目标相结合，不断强化员工对公司的认同感，调动起员工的工作积极性，以此来实现人员效率的最大化。主要从以下几个方面来实现：一是提高财务共享中心的用人水准，在甄选管理人才方面不仅要对财务管理能力进行严格考核，还要对信息处理能力进行评价，只有在两项能力都达标的情况下，才能考虑使用。二是要对财务共享中心相关人员的工作进行量化，并且设置合理的考评指标，对各项业务运行绩效进行定期考评，并将评价结果纳入员工年底综合等级评定工作中，作为提升职位和薪资的重要依据。通过考核项目的设置，能够提升员工工作的积极性，帮助他们建立认真负责的工作态度，优化任务完成质量。

二　明确工作内容划分，以期实现合理配置职能目标

财务共享服务中心的出现改变了公司以往组织分散的结构，为财务管理带来了新的思路，将财务人员的工作明确划分为财务会计和管理会计，并使这个边界更加清晰。在新的工作模式划分中，财务会计主要负责对公司内部各项财务任务进行数据的整理与分析；而管理会计则主要负责对公司内部财务项目进行管理与控制，为公司提供决策支持。但随着财务共享服务中心的应用，传统的财务会计也被直接纳入共享服务中心的运营范畴，这就要求财务核算工作人员需要遵守共享中心内部的业务流程和标准来进行各项会计统计工作。

因此，公司在设计财务岗位时应综合考虑员工的绩效与技能匹

配程度，重点需要对员工绩效、素质和能力等进行多方面的评价，并依据评价结果为员工提供更适合其发展的岗位与平台，激发员工的工作热情和创新心理。财务共享模式从根本上改变了公司的工作流程，要求公司建立独立的内控部门，完善部门定位和员工权责。为此，公司应当尽快成立单独的财务监督部门，确保在管理总部财务信息系统的同时，能够准确掌握分公司、子公司财务系统的使用情况。财务监督部门作为公司内特殊的职能部门，需要严格把控内部环境，与财务部门建立无缝衔接，避免人员、权重重复等内部控制关系的重大失误，并在监管过程中发挥出独立性与权威性，能够及时有效地发现和解决问题，同时，还需要加强内部控制与组织内其他部门的紧密联系，避免因沟通与协调延误项目进展，减缓公司效益的持续增收。由于工作流程的变化，内控部门的工作职责和工作环境不可避免地会发生变化。在实施财务转型模式的过程中，管理层要做好整合新的岗位要求，对员工进行及时的心理疏通与引导，减少员工对于新环境与新模式的疑虑和恐惧。在设置和改变工作岗位时，应建立工作替代制度，完善晋升和分配激励机制，鼓励员工打破原有的传统财务观念，通过不断学习，熟识新的工作环境，掌握新的工作模式，以此来提高整体工作运转效率。

三 增强财务管理人员的风险意识和应对能力

为防范和管理财务业务中的财务风险，公司要从制度、硬件、人员等多个角度入手，建立风险防范的坚实壁垒，维持公司的稳定运行。积极培养提升公司内部财务人员的风险意识和应对能力，从而实现对风险的提前识别和预警，并根据公司的风险管理制度开展风险处理工作，有条不紊地应对公司在运行过程中可能存在的一些风险。在对公司经营风险和财务风险的管理过程中，财务部门对具体的风险防控措施进行落实，使相关制度能够得以完善，公司内部管理质量得以提升。为实现系统化风险管理，财务管理者必须增强防范和应对风险的能力，运用健全有效的风险防控机制来抵御可能面临的公司管理风险。为此，公司应该制定和促进全面的风险责任追究制度以及风险识别和预警机制，使风险敞口和风险范围能够得到有效缩减。

在风险责任追究制度中，要细化风险防控各岗位具体责任，并使得岗位人员明确了解自身职责，并在财务管理体系中另设风险管理体系，能够实时进行对公司当前财务风险因素的分析和判断。另外，还要实施自上而下的风险责任制，将流动性财务数据、资产负债情况、盈利情况等具体数据重点关注，提前设置预警红线，当数据逼近预警线时向系统人员发出提示，从而实现风险的判别，避免债务危机。统筹风险防控的顶层设计，不断完善风险指标库，并且将风险防范的意识和责任向基层辐射，使公司风险防控工作能够有序运行。为确保公司全员能够树立正确的风险责任管理意识，营造良好的风险防控环境，公司要定期开展有关培训，收集关于历史风险事件和市场上其他经典风险事件的有关信息，号召员工进行学习。要不断提升公司工作人员尤其是财务管理人员风险意识，并借助一些实际的案例引导公司人员展开风险事件分析，了解风险事件的应对过程中各部门应当如何分工，并尝试对公司进行风险评估工作，建立事前、事中、事后全角度全链条的风险管理意识，优化公司经营风险的管控能力，实现风险的科学应对。

第五节　持续优化业务流程，提高单位内部多方管理的参与度

公司应立足于共享中心对公司业务流程再造的基本出发点、关注公司内部控制能力提升，促进审批系统不断完善、强化沟通协调机制，提高多方管理参与度才能持续优化业务流程，提高单位内部多方管理的参与度。

一　立足于共享中心对公司业务流程再造的基本出发点

公司财务共享中心进行优化和升级，要立足于共享中心对公司

业务流程再造的基本出发点，坚持公司业务流程的持续优化为方向。充分认识目前公司中存在的审批流程不合理现象，尤其是相关流程阻碍了财务管理人员转型，影响了财务基本职能的转变问题。在财务中心业务优化过程中，加强公司相关业务的标准化、规范化运行。对于公司而言，建立标准化和规范化的流程是很有必要的，财务共享中心能够实现这一点。

公司已经实现标准化和规范化运行的业务流程也并不是始终固定的，而是需要根据公司业务的实际需求进行适时调整，使业务流程标准能够始终为提升公司业务运行效率、优化公司财务管理质量发挥积极作用。因此，财务共享中心建成之后，还需要对公司业务流程进行持续性的优化。可以为公司财务共享中心专门配置相应工作人员，组成共享中心优化小组，负责检查相应业务流程中的潜在优化点。共享小组成员要通过对共享中心业务人员工作的观察和信息收集，反馈分析等途径，对共享中心相关财务管理工具和流程进行持续性优化。

共享小组工作的核心内容就是业务流程的标准化建设，不仅包括当前已经初步优化的业务流程，还包括收纳新增业务，扩大财务共享中心的服务范围，实现既有业务和新增业务的流程再造和优化。在这个过程中，要坚持降本增效为目标，对冗余的流程环节进行删减，在保障公司财务管理质量的前提下，实现效率的提升优化。另外，要稳定财务共享中心后台运行秩序，合理分工，对相关职能进行再规划，主要是将财务风险较低、重复性较高的业务实现自动化的提升，通过财务共享中心后台来进行。一些不便于全自动进行的业务，则通过简化审批、更改管理结构等方式进行优化，避免审批过程久、经手部门多引起的滞后性问题。例如，在公司运行制度中，相关业务的审批既需要通过部门经理进行，又需要上传至领导审批，在一定程度上增加了领导处理基础业务的比例，也引起一定效率低下现象。

因此在业务流程精简的过程中，可以对这类业务进行总结和梳理，将重要性较低的业务降低审批权限，部门经理定期整理后向领导汇报的形式进行。为解决公司共享中心建设过程中的人才紧缺问题，要发掘公司创新能力和规模效应，积极培养公司内部人才，提升共享中心建设维护的相关专业技能，从而实现降本增效和人力资源结构的优化。并且，在公司财务共享服务水平提升的过程中，要充分发挥内部管理优化的作用，多部门联动，提高多方管理的参与度。

二 关注公司内部控制能力提升，促进审批系统不断完善

为实现财务共享中心优化升级，要考虑到移动审批系统的实际应用问题，尤其是当大量基础性流程提交和堆积时，相关领导不能及时通过审批，从而引起的业务滞留现象。为此，要为财务共享中心加设流程重要性排序功能，对当前已提交的业务单据进行重要性的分类，对一些重要性分类中处于低层次的流程降低审批权限的需求，只由部门经理审批后即可上传到共享中心，共享中心对经此流程通过审批的单据进行收集存档，由分管部门经理定期汇总汇报即可。一些重要性分类中处于中上层次的流程还是按照既定规则，由部门经理及领导双审批，为相关业务的运行和公司资金储备提供保障。

业务流程重要性的划分和排序符合加强公司内部控制能力的整体方向，对提升公司审批效率具有积极作用，但相关审批权限责任人还要进一步加强对公司财务制度规范的正确认识，注意审批准确度，对接收的单据进行仔细审查，使单据流程的审批工作能够正常发挥作用。审批系统的不断完善还要关注预算控制方面，对资金付款相关业务增加预算计划匹配，不在预算计划之列的付款业务要设置超预算符号，使业务发起人员和审批人员都能及时了解当前业务状态，减少非预算单据的流转过程与时间，方便公司进行预算管理。或者共享中心可以根据当月预算计划的提报，将各单位预算额度进行上传，当预算额度用完时，通过系统弹窗发送提醒。当一些临时发生需要新增的特殊业务，则通过特殊渠道进行提交。对整个

预算管理控制的优化，主要看前置环节的设计能否实现无效单据和业务单据滞留时间的减少，实现效率提升。

最后，要开放财务管理流程优化反馈机制，为业务人员设置反馈渠道，定期对冗余的环节进行删减，实现流程整理优化工作，并且当接收到业务人员从反馈渠道提交的相关问题时，找出共享中心系统中具体的可优化环节，并深入公司业务基层进行相关业务流程细节的调整工作，从而保障公司业务流程的标准化、规范化，实现共享中心功能的持续性优化。

三　强化沟通协调机制，提高多方管理参与度

即使公司业务流程能够保障一定程度的规范化和标准化，也还是有可能出现一些临时突发状况，为此，公司财务共享优化过程中，还应当注重强化沟通协调机制，提升多方管理的参与度。当财务共享中心建立以后，相关业务单据能够收集到共享中心进行批量化处理，但由于财务管理活动的实际需要，相关财务人员要留存财务业务活动的各项原始凭证。在共享中心作用下，平时业务部门的单据可以得到快速处理，也不必要频繁往来财务部，因此很容易出现月底大量原始凭证需要提交的情况。这种工作模式首先与财务人员月末结账工作造成明显的时间冲突，还很容易导致原始凭证和相关业务单据原件的丢失与混乱，甚至存在一定程度的资金风险，而强化沟通协调机制，提升财务共享服务中心向外沟通和实时协调的能力，对有效改善这个问题具有明显作用。

因此，在财务中心需要设置沟通相关机制，与各成员单位实现及时的沟通，既能够对相关工作和业务情况进行汇报，又能够对如上情况进行及时的反馈和通报。此外，针对一些距离终止时间较近的单据，还要能够实现现场沟通，使业务人员能够加深对财务共享中心的运营需要认识，在工作中能进行积极的配合与衔接，从而减少财务共享中心在履行公司规范制度时可能面临的一些压力。并且，要为财务共享中心建立明确的权责划分，对共享中心人员进行专业培训工作，提升其专业服务能力，并且优化公司业务运行的效

率与质量。还可以设置监督举报电话，开放网络平台，引导业务人员对公司财务共享中心的服务进行评价和反馈，从而实现对共享中心服务质量的监督工作。

公司财务共享的优化和升级需要公司本部和共享中心双向进行、多方共同参与协调管理，因此，要建立多方向、多元化的监督机制，规范业务部门操作，提升共享中心能力，加强对员工专业能力的培养和塑造，从而实现员工理念的转变，有效促进公司业务流程的规范化。在进行人员培训工作时，要注意共享中心发展阶段和岗位需求的实际，培训的相关内容应当与岗位知识储备要求相适应，与公司规章制度相符合，与业务实际需求相一致。并且要通过奖励机制和考核机制的共同作用，加快轮岗机制的落地和培训成果转化工作，保障公司相关人员参与管理培训和财务共享中心优化升级工作的积极性。

参考文献

陈洁：《中小型风电企业运用财务管理信息化手段提升经营管理水平的探讨》，《商业观察》2022年第6期。

陈嘉禄：《财务共享模式下管理会计体系的构建分析》，《营销界》2022年第12期。

陈华：《施工企业财务共享中心建设研究》，《中国市场》2021年第5期。

曹一鸣：《论财务共享模式下的风险管理》，《上海商业》2022年第6期。

邓杰伟：《证券公司财务共享中心的建设与效益研究》，硕士学位论文，西南财经大学，2020年。

陈云凤：《财务共享模式下集团企业全面预算管理分析》，《中国总会计师》2022年第7期。

陈丽：《数字化转型背景下大型物业企业财务共享中心构建思考》，《投资与创业》2022年第4期。

丁清丹：《J公司智能财务体系构建及运行财务绩效评价研究》，硕士学位论文，山东工商学院，2022年。

董洁琼、王艳丽、郭道炜：《财务共享模式下的企业财会监督》，《国际商务财会》2022年第15期。

邓小芳：《财务共享模式下集团企业资金管理策略思考》，《中国物流与采购》2022年第11期。

邓小芳：《财务共享模式下集团全面预算管理创新探究》，《中国中小企业》2022年第7期。

党娜：《基于大数据的高职院校资助育人新型模式探析》，《电子元器件与信息技术》2021 年第 11 期。

付珍妮：《财务共享模式下集团财务管理转型的现状及建议》，《现代营销（上旬刊）》2022 年第 7 期。

范有卫：《企业财务共享中心建设的难点与对策》，《全国流通经济》2022 年第 4 期。

冯培林：《基于财务共享模式下业财融合探究》，《技术与市场》2022 年第 8 期。

冯霞：《财务共享模式下企业的内部控制问题与优化分析》，《现代商贸工业》2022 年第 17 期。

高二妹：《江苏泽佳公司绩效管理优化研究》，博士学位论文，兰州理工大学，2022 年 3 月。

高淑琴：《探究财务共享平台下的企业财务管理》，《商场现代化》2022 年第 7 期。

郭宇宇：《财务共享模式下企业成本控制策略研究》，《老字号品牌营销》2022 年第 18 期。

高杰：《财务共享模式下的企业资金管理》，《中国外资》2022 年第 10 期。

古龙江：《信息技术环境下制造企业财务共享模式研究》，《中国总会计师》2022 年第 7 期。

胡颖蝶：《企业财务共享模式下的内部控制探究》，《财经界》2022 年第 19 期。

虎全胜：《推进财务共享中心建设与实施》，《中国总会计师》2022 年第 7 期。

郝文英：《财务共享模式下集团公司信息化建设问题研究》，《商讯》2022 年第 18 期。

胡慧婷：《财务共享模式在广电网络行业的应用分析》，《财会学习》2022 年第 17 期。

何澜：《财务共享模式下企业财务管理转型》，《老字号品牌营销》2022 年第 14 期。

见申艳：《编制权责发生制下的政府综合财务报告探讨》，《中国产经》2021 年第 4 期。

刘雅慧：《财务共享模式的利弊分析和应用探究》，《财经界》2022 年第 18 期。

李学刚：《企业财务共享模式的应用分析》，《财经界》2022 年第 17 期。

柳叶：《财务共享模式下的企业财务管理创新分析》，《商场现代化》2022 年第 11 期。

卢秀群：《财务共享服务模式在企业集团中的应用：变革与发展》，博士学位论文，南京大学，2016 年。

刘婷芝：《浅谈财务共享模式下的企业内部控制管理》，《商业文化》2022 年第 3 期。

刘政欣：《财务共享服务中心优化探讨》，硕士学位论文，江西财经大学，2021 年 6 月。

林雪珠：《人工智能背景下财务人员转型探讨》，《合作经济与科技》2022 年第 4 期。

刘韦彤：《区块链技术对会计信息系统的优化设计研究》，博士学位论文，贵州财经大学，2022 年。

罗玥：《大数据时代中小企业构建财务共享模式思考》，《科技和产业》2022 年第 5 期。

牟振华：《企业财务共享服务中心运行问题及优化策略》，《商业观察》2021 年第 11 期。

孟祥雷：《财务共享模式下企业内部控制研究》，《投资与创业》2022 年第 14 期。

欧华玉：《财务共享模式下财务人员向管理会计转型应具备的素质和策略探讨》，《企业改革与管理》2022 年第 14 期。

秦志宏：《财务共享模式下内部控制问题研究》，《商业观察》2022 年第 15 期。

任昊婧、赵春阳：《财务共享模式与财务管理环境变化探究》，《商业文化》2022年第15期。

苏娜：《财务共享中心建设过程中的思考》，《全国流通经济》2021年第2期。

宋清：《财务共享模式下票据智能管控的探索与实践》，《财务与会计》2022年第12期。

孙瑜、钟思棋、冯筝筝：《智能时代高校财务人员职能拓展的思考》，《审计与理财》2022年第5期。

石井艳：《财务共享模式下上市公司资金管理》，《今日财富（中国知识产权）》2022年第6期。

孙雪萍：《财务共享模式下企业内部控制问题研究》，《现代商业》2022年第23期。

唐健：《企业财务共享模式下会计控制优化策略研究》，《技术与市场》2022年第7期。

谭雪：《基于财务共享模式的集团企业财务管理转型策略研究》，《企业改革与管理》2022年第15期。

谭怡：《财务共享模式下企业营运资金管理绩效研究》，博士学位论文，广州大学，2022年。

吴雅丹：《财务共享中心对企业财务管理的影响研究》，《企业改革与管理》2021年第2期。

王富平：《财务共享中心项目建设风险管理的有关探索》，《财经界》2021年第1期。

王任兰、区文华：《企业财务共享模式下费用报销管理的研究》，《商场现代化》2022年第13期。

吴美兰：《财务共享服务中心的构建研究——以焦耐公司为例》，《冶金经济与管理》2018年第8期。

王贺：《财务共享模式下信息传递内部控制框架研究》，《商业会计》2022年第14期。

王辉：《司库管理在ZT公司的应用研究》，硕士学位论文，西安石油大学，2016 年。

王卉青：《医院全面预算管理及成本控制的要点》，《投资与合作》2022 年第 4 期。

徐丹：《对企业财务共享中心建设的探讨》，《环渤海经济瞭望》2021 年第 9 期。

向栋良：《成航工业安全系统有限责任公司发展战略研究》，硕士学位论文，西南财经大学，2012 年。

夏虹、蔡文磊：《财务共享模式在信息化时代应用的研究》，《中国管理信息化》2022 年第 11 期。

谢薇：《港口企业财务共享中心建设面临的挑战及对策》，《财经界》2022 年第 2 期。

夏丽萍：《财务共享模式下企业如何深化管理会计》，《中国中小企业》2022 年第 7 期。

杨新颖：《证券公司财务共享中心建设探讨——以 A 公司为例》，《财务管理研究》2022 年第 7 期。

杨朝均：《财务共享、业财融合与智能财务——云端财务共享模式的设计与实践》，《管理会计研究》2022 年第 4 期。

杨瑞红：《财务共享模式下业财融合探索》，《今日财富》2022 年第 13 期。

周斌：《业财融合下企业财务共享模式的构建》，《投资与合作》2022 年第 9 期。

朱子玥：《财务共享模式下企业财务管理优化研究》，《山西农经》2022 年第 13 期。

周志强：《深圳明华科技股份公司创新战略研究》，硕士学位论文，兰州大学，2012 年。

张媛：《网络经济时代电子商务对企业管理创新的作用探析》，《商展经济》2022 年 6 月。

张晴、项丽群：《财务共享模式下企业财务管理转型的思考》，《会计师》2021 年 11 月。

张海艳：《财务共享模式下企业财务数字化转型策略分析》，《全国流通经济》2022年第15期。

张梦妤、顾全根：《财务共享模式下企业内部控制存在的问题及优化措施》，《中小企业管理与科技》2022年第12期。

张茜、张进龙：《财务共享模式下智慧核算模块的研究》，《老字号品牌营销》2022年第16期。

郑焕焕：《财务共享模式下企业财务职能转型与财务人员角色转变的策略探讨》，《企业改革与管理》2022年第3期。

章连标、段凯俐：《基于区块链技术的财务共享模式优化策略》，《商业会计》2022年第2期。